AI 시대 창의적 인간

AI 시대
시대

인간은 어떻게 인공지능과 공존할 것인가

창의적
인간

이시한 지음

RHK
알에이치코리아

일러두기

1. 책 제목은 《 》로, 신문·잡지명은 『 』로, 영화·곡·방송 프로그램·미술 작품 등의 제목은 〈 〉로 묶었습니다.
2. 국내에 번역된 작품은 한국어판 제목으로 표기했습니다. 번역되지 않은 작품은 원제를 독음대로 적거나 우리말로 옮겨 직고 원어를 병기했습니다.
3. 외국 인명, 지명, 독음 등은 국립국어원의 외래어 표기법을 따르되 관용적인 표기와 동떨어진 경우 예외를 두었습니다.
4. 본문은 국립국어원의 한글 맞춤법 규정을 따르되 저자의 말투와 표현은 규정과 다르더라도 입말을 살렸습니다.

프롤로그

우리나라에서 챗GPT와 관련해서 나온 책으로는 두 번째 책이자, 전망서로는 첫 번째가 되는 《GPT 제너레이션》이라는 책을 쓰고, 정말 많은 강연을 하게 되었습니다. 챗GPT가 일으킨 충격이 워낙 컸기에 많은 분이 이에 대해 빨리 알고 싶어 하셨죠. 그러다 보니 하루에 강연을 몇 차례 하는 날도 흔했습니다. 조찬 모임으로 독서 모임에서 강연하고, 낮에는 성신여대에 갔다가, 오후에는 협회 강연을, 저녁에는 기업 강연을 갔던 날이 기억에 남습니다.

강연을 통해 CEO, 회사원, 공무원, 대학생, 주부 등 다양한 분들을 만났습니다. 그분들과 함께 AI가 바꿀 미래에 대해 생각하고 그려보곤 했었는데요, 아무래도 AI가 미래에 가져올 변화의 충격이 크다 보니 강연 후 많은 질문이 쏟아졌습니다. 그중에서 가장 많이 받은 질문은 "그러면 앞으로 인간은 어떻게 먹고사느냐?"였고요. 그래서 "AI를 잘 다뤄서 도구화하는 것이 중요하다. AI를 자신의 도구로 삼는 사람은 앞으로 더욱더 많은 기회를 얻게 될 것이다."라는 대답을 드린 후에 "도구화를 잘한다는 것은 AI에 적절한 질문을 잘하는 것이다."라는 부연 설명을 하곤 했죠. 이 이야기들을 모아서 나온 책이 《똑똑한 사람은 어떻게 생각하고 질문하는가》입니다.

과연 AI의 위력을 직접 체감한 후 질문법에 대해 알고 싶어 하는 분들이 많아서 이 책 역시 많은 관심을 받았습니다. 관련 강연 역시 많았더랬죠. 그런데 질문법 관련 강연 후에 또 많은 분이 비슷한 질문을 하시더라고요. "AI가 모든 질문에 답을 주는 시대에 도대체 인간의 경쟁력은 어디서 오는가?"하고요.

이에 대한 답은 한마디로, '인간의 창의력'입니다. 하지만 여기서 말하는 창의력은 AI 시대 이전의 개념과는 다릅니다. 매뉴얼화되고 방법론이 나와 있는 창의력은 오히려 AI가 더 잘 구현하거든요. AI 시대의 창의력은 기존의 창의력과는 완전히 다른 방식으로 접근해야 합니다.

이러한 이야기를 답변으로 드렸는데, 마침 그 무렵에 삼성 인재개발원에서 삼성 그룹 전체 승진자들을 대상으로 창의력 교육을 해 보자는 제안을 받았습니다. 특히, AI 시대의 창의력이 기존의 창의력과 무엇이 다른지, 방법론적인 측면에서 접근해 보자는 것이었죠. 그래서 이에 대해 조금 더 구체적으로 생각하고 정리하게 되었습니다. 아무래도 인재 개발 차원에서 접근하다 보니, 강의에서는 이러한 창의력을 어떻게 발전시킬 것인지에 초점을 맞춰 실용적인 방법을 제시하게 되었고요.

그리고 SK 그룹의 교육을 총괄하는 플랫폼에서 책을 소개하는 일을 하던 중에, SK 측에서도 창의력 교육에 큰 관심을 보이셔서 창의력 교육을 적용하는 구체적인 방법에 대해 함께 의견을 나누기도 했습니다.

이렇게 AI 시대의 창의력에 대한 현장의 고민을 정리하고 이에 대한 솔루션을 제시한 책이 바로 이 책입니다. 어떻게 보면 이 책 역시 AI 시대에 대중들이 가장 절실히 필요로 하는 부분에 대해 답하다 보니 나오게 된 연작 중 하나라고 할 수 있습니다. 그만큼 창의력의 필요성은 더욱 커졌습니다. AI 시대에 인간은 어떻게 차별화하여 살아갈 것인가, 즉 인간의 존재증명과 가치향상을 어떻게 할 것인가에 대한 답이 창의력인 셈이거든요.

AI 시대의 창의력을 이해하기에 앞서 먼저 1부에서는 창의력이라는 것이 사실은 발명된 개념임을 보여줍니다. 인문학적인 접근으로 창의력의 본질에 대해 이해해 보자는 거예요.

2부에서는 기존의 창의력 계발 방법론들의 핵심을 정리했습니다. 기존의 창의력 계발 방법들을 모아서 핵심만 뽑아 보니, 거시적 관점에서 세 가지 정도로 정리가 되더라는 거죠. 사실 지금은 이런 방법론을 AI에 제시해서 답을 뽑아내기만 해도 꽤 창의적이고 차별화된 결과물을 얻을 수 있습니다.

더욱 중요한 것은 이제부터입니다. 기존의 창의력 개념과 방법론을 돌아보며 창의력에 대해 이해했다면, AI 시대에는 그 본질과 핵심이 어떻게 바뀌게 되는가를 정확히 알아야 합니다. '창의력이 바뀐다'는 말은 기존의 창의력이 AI 시대에는 더 이상 창의적이지 않다는 뜻이 아니라, AI가 만들어 내는 결과물에 비해 인간의 경쟁력이 떨어지기 때문에 '새로운 개념의 창의력이 필요하다'라는 의미에 더 가깝습니다. 다시 말해서, 기존의 창의력이 변한다기보다는 AI 시대에는 인간의 가치와 특별함을 보여줄 수 있는 새로운 창의성 개념이 확립되어야 한다는 것이죠. 3부에서는 이러한 내용을 다룹니다.

4부에서는 이렇게 정리한 AI 시대의 창의성을 어떻게 계발하고 적용할 수 있을지 그 방법을 제시합니다. 그 과정에서 AI를 도구로 다루는 방법 역시 자연스럽게 언급되죠. 이 장은 AI 시대에 요구되는 창의력을 어떻게 발전시켜 실제로 경쟁력 있는 창의적 결과물을 도출할 수 있을지를 다루는 만큼, 가장 실용적인 장이라고 할 수 있습니다.

창의력은 상대적인 개념입니다. 아무리 빛나는 아이디어라도 모두가 같은 이야기를 한다면, 결코 창의적이라는 평을 들을 수 없습니다. 이런 의미에서 창의력에 대한 과거의 다양한 논의들은 이제는 더 이상 창의적이라고 할 수가 없어요. 너무 많이 다루어지고 언급되었기 때문이죠. 하지만 이제 AI라는 새로운 협업 도구가 등장하면서 AI와 공동으로 창의력을 발휘하여 발전시킬 수 있게 되었습니다. 이러한 공동 창의성은 이전에는 없던 시도이자 개념이기 때문에 AI와 협력해 만든 결과물은 충분히 창의적일 수 있습니다. 어떻게 보면, AI 시대이기에 우리는 새로운 창의성으로 나아갈 수 있는 것이죠.

기회는 당신이 잠든 사이에 찾아온다는 이야기가 있습니다. 다행히 이 책을 읽고 있는 것만으로도 잠들지 않고 깨어 있다는 것이 증명된 셈입니다. 기회를 만났으니, 이제는 다가온 기회를 반드시 잡아야 합니다. AI는 누구나 창의적인 사람이 될 수 있는 기회를 제공합니다. 'AI 시대라서 창의력을 키워야 한다'기보다는 'AI 시대이기 때문에 창의력을 더욱 강력한 경쟁력으로 키울 수 있게 되었다'라고 할 수 있습니다.

이 책을 통해 AI시대 인간에게 필수적인 경쟁력이 바로 창의력임을 이해하고, AI가 우리의 창의력을 극대화해 줄 좋은 파트너임을 인식하는 계기가 되기를 바랍니다. 아울러 AI를 어떻게 활용해야 우리의 창의력을 극대화할 수 있을지도 담았습니다. 이 책이 독자분들께 좋은 자극과 영감이 되기를 바랍니다.

차 례

Part 4 창의성 3.0: AI 시대의 창의성, 크리지먼트

Part 1

태초에
창의성은 없었다

신에게서 오는
창의성

뮤즈는 왜 예술을 담당하는
여신이 된 걸까?

11세기 피렌체 사람 단테 알리기에리^{Dante Alighieri}는 그의 연인, 정확하게는 그가 짝사랑했던 베아트리체 포르티나리^{Beatrice Portinari}의 초청으로 살아있는 인간의 몸으로 지옥, 연옥, 천국을 순례한 뒤 마지막에 하느님을 만나게 됩니다. 자신이 본 것을 세상에 전하라는 사명을 받고 초청된 것이죠. 지역별 관광지나 여행 상품을 홍보하기 위해 지자체나 여행사에서 기자들을 초청해 여행시켜 주는 이벤트를 팸투어라고 하죠. 단테는 일종의 하늘나라 팸투어에 초청받은 셈입니다.

하지만 살아 있는 사람이 지옥을 구경하는 것은 말 그대로 '헬'이었죠. 단테는 먼저 지옥을 보고, 상당한 충격을 받은 채로 연옥에 들어서게 되는데요, 연옥에 발을 디딘 순간 뮤즈에게 기원합니다. 지옥의 캄캄한 세계에 빠져 죽었던 시가 다시 살아나도록 뮤즈의 맏언니 칼리오페에게 기도를 올리죠.

"오, 성스러운 뮤즈여, 나는 그대들의 것이니 죽었던 시가 다시 살아나게 해다오. 그래서 부활과 희망을 노래하게 해다오."[1]

지옥의 광경에 놀란 단테는 죽어버린 창의적 영감을 되살리기 위해 뮤즈에게 기도를 올리는데, 이는 이보다 훨씬 이전에 쓰인 고전 《일리아스》나 《오디세이아》에서 보이는 전통을 답습한 것이기도 합니다. 고대에는 영감을 주는 여신인 뮤즈에게 기원을 올리는 것으로 창의적인 결과물을 얻어내고 싶어 했거든요. 오늘날에도 예술가들에게 영감을 주는 존재를 뮤즈Muse라고 부르죠(그리스어로는 무사Μοῦσα라고 불리며, 복수형으로 무사이Μοῦσαι라고도 합니다). '뮤지엄'이나 '뮤직' 같은 단어도 모두 뮤즈라는 단어에서 파생된 단어입니다. K-Pop 걸그룹인 '나인뮤지스'도 이 뮤즈에서 따온 팀명이죠. 실제로 뮤즈는 총 아홉 명이기 때문에 나인뮤지스라는 팀명은 고증에도 꽤 충실한 셈입니다.

뮤즈는 신들의 왕 제우스^{Zeus}와 이모뻘 되는 므네모시네^{Mnemosyne} 사이에서 태어난 아홉 명의 여신입니다. 이들은 각각 맡은 역할이 달랐어요. 단테가 기도를 올렸던 칼리오페^{Calliope}는 서사시를 담당했고, 클리오^{Clio}는 역사, 에라토^{Erato}는 서정시를 담당하고 있었죠. 에우테르페^{Euterpe}는 음악, 멜포메네^{Melpomene}는 비극, 폴리힘니아^{Polyhymnia}는 찬송가, 테르프시코레^{Terpsichore}는 무용과 합창, 탈리아^{Thalia}는 희극, 우라니아^{Urania}는 천문학을 담당했습니다. 이렇게 보면 뮤즈들이 담당했던 것은 오늘날 기준으로 예술과 학문이었음을 알 수 있죠. 예술과 학문

| 연주를 하고 있는 아폴론과 뮤즈 여신들의 모습[2]
Raphael (1483 – 1520), Parnassus (detail) (c 1509–11), Wikimedia Commons.

모두 아이디어나 영감이 필요한 분야이기 때문에 이런 카테고리가 아예 말이 안 되는 것은 아닙니다.

뮤즈의 신화에서 우리는 두 가지를 알 수 있습니다. 첫 번째는 고대인들은 창의성이나 영감을 자신 안에 있는 것이 아니라 신에게서 오는 축복으로 여겼다는 것이죠. 뮤즈는 고대 그리스와 로마의 예술가, 철학자, 시인 들에게 영감을 주는 중요한 역할을 했습니다. 뮤즈들은 창조적 작업의 원천으로 여겨졌으며, 예술가들은 작품을 만들 때 뮤즈에게 기도하고 도움을 청하는 것이 일반적이었습니다.

그런데 뮤즈에게서 영감을 받는 것을 신의 도움을 받는다는 말로 표현하니 그럴듯해 보이지만, 이를 조금 거칠게 표현하면 '접신 상태'와 같다고 볼 수 있습니다. 즉 통제 가능한 이성이나 인지의 영역에서 창의성을 찾는 것이 아니라 마치 술에 취한 듯한 상태, 즉 정신을 온전히 제어하지 못한 상태에서 창의성을 얻는다는 의미입니다. 그래서 인지 예술과 그 토대가 되는 창의성은 계획이나 이성의 범주가 아닌 우연과 감성의 느낌이 강하죠.

두 번째로, 뮤즈들의 어머니인 므네모시네가 기억의 여신이라는 점에서 고대인들이 창의성의 근원을 '기억'으로 여겼다는 사실을 알 수 있습니다. 기억이 예술의 원천이 된다는 것은 창의성에 대한 고대의 개념이 오늘날과는 많이 달랐음을 보여줍니다.

고대의 서사시는 선조들의 업적이나 영웅들의 행적을 입에서 입으

AI 시대 창의적 인간

로 전승하는 식으로 이어졌습니다. 기록문학이 아닌 구전문학이었기 때문에 중요한 것은 기억을 통한 이야기의 전승이지, 세상에 없던 새로운 시도를 하는 것이 아니었습니다. 시인 호메로스Homeros 역시 그의 서사시를 기억을 통해 구술했으며, 이는 뮤즈들의 영감을 통해 이루어졌다고 믿었습니다. 호메로스의 《일리아스》에 나오는 첫 구절은 "노래하소서 여신이여, 펠레우스의 아들 아킬레우스의 분노를"입니다. 첫 구절만 보면 마치 디스전의 시작을 알리는 힙합 전사 같은 느낌이지만, 이는 뮤즈의 여신에게 시를 창작하기 위한 영감을 구하는 구절입니다. 그런데 여기서 영감은 아킬레우스의 행보를 정확하게 기억하고 기술하게 해달라는 기원에 가까워요. 《일리아스》는 트로이 전쟁에서 51일간 벌어진 사건을 그리스 장군인 아킬레우스의 행적을 중심으로 노래한 서사시입니다.[3]

음유시인이나 작가는 자신이 보고 들은 것, 경험한 것을 바탕으로 시와 이야기를 만들었습니다. 역사학자는 과거의 사건을 기억하고 기록하며, 음악가는 전통적인 멜로디와 리듬을 기억합니다. 예술의 근간이 기억이라는 것은 예술이 단순히 과거의 재현이 아니라, 기억을 이해하고 해석하며 새로운 의미를 부여하는 과정에서 탄생했다는 것을 뜻합니다. 구전으로 전해지다 보니 그 과정에서 전달하는 사람의 생각과 감정이 자연스레 덧붙여질 수밖에 없었죠. 즉 당시의 예술가들은 단순히 과거의 기억을 반복하는 것이 아니라, 그것을 재해석하고 새로운 시각으로 바라보며 창작물을 만들어낸 것입니다. 이런 의미에서 보면, 고대의 창의성은 세상에 없던 새로운 것을 만든다는 개념보다는 이미 존재하는 지식을 재현하는 과정에서 이를 조금 다르게 표현하고 해석하는 것에 가까웠다고 할 수 있습니다.

사실 오늘날의
창의성 개념은 없었다

그런데 이러한 해석은 예술을 창의성이라는 개념과 어떻게든 연결하려는 생각에서 비롯된 것이고, 고대에는 예술과 창의성이 지금처럼

| 플라톤이 말한 이데아, 현실, 예술의 관계를 나타내는 그림. 그림은 현실의 모방이다

AI 시대 창의적 인간

밀접하게 연관되지 않았다고 보는 것이 조금 더 자연스러운 해석일 수 있습니다. 플라톤Platon은 예술이 모방의 모방에 불과해서 쓰레기와 다름없다는 견해를 피력하기도 했죠. '이데아Idea'는 사물이나 개념의 원형적인 형태라고 할 수 있는데, 플라톤은 우리가 살고 있는 현실 세계가 이 이데아를 모방한 것에 불과하다고 보았습니다. 그런데 예술은 이 현실을 다시 모사하고 모방하는 것이니, 진정한 이데아에서 두 단계나 떨어진 무의미한 일이라는 것이죠.

예술가들을 향한 플라톤의 비판은 여기서 그치지 않습니다. 그는 시인들이 사람을 매혹해서 영혼을 타락시킨다고 비난했습니다. 그래서 이 시인들은 단순히 무의미한 존재가 아니라 해악을 끼치는 사람들이므로 모두 다 추방해야 한다는 '시인 추방론'을 펼치기도 했습니다.

당시에는 예술의 개념이나 범주가 지금과 다르고, 학문이나 이성도 발달한 상태가 아니었기 때문에 오늘날과 같은 기준으로 이런 행위들을 평가할 수는 없습니다. 다만 한 가지 확실한 것은 고대 예술에는 오늘날 우리가 생각하는 '창의성' 개념이 전혀 없었다는 거예요. 예술마저 이러니 다른 분야에서는 말할 것도 없었겠죠.

그나마 오늘날의 창의성에 가장 근접한 개념이라 할 수 있는 '영감Inspire'조차도 인간에게 내재된 능력이 아니라 신이 선물해 줘야만 받을 수 있는 매우 수동적인 것이었습니다(사실 신이 지배하는 사회에서는 모든 것이 신의 선물이나 뜻으로 여겨졌기 때문에, 영감도 예외가 아니었던 거죠).

과거에는
왜 천재가 많았을까?

창조의 주체

중세까지 새로운 것을 만들어 내는 '창조^{Creatio}'는 신의 몫이었습니다. 중세로 오면서 신의 지배력은 점점 더 강해졌기 때문에, 조금의 예외도 없이 모든 창조물과 새로운 것들은 신의 섭리 하에 만들어진 것으로 간주되었습니다.

그러다 보니 창의성은 그 자체로 의미를 가지지 못하고, 창조자 신의 한 속성으로 여겨질 뿐이었죠. 예술가나 발명가가 새로운 것을 만들더라도 그들은 신의 의지를 전달하는 매개자일 뿐, 자신의 영감이나 지혜에 기초한 창작을 하는 것이 아니었어요. 따라서 창의성은 인간의 독창적인 능력이 아니라 신에게 종속된 개념이었습니다. 즉 오늘날 우리가 생각하는 창의성이라는 개념은 존재하지 않았습니다.

중세에 라틴어 '크레아티오creatio'는 '크레아티오 엑스 니힐로creatio ex nihilo', 즉 무에서 창조하는 신의 행위를 지칭하는 용어였습니다. 다시 말해서 '창의'라는 것은 인간 활동에 적용되지 않았습니다. 17세기 초반, 폴란드 시인 마치에이 카지미에시 사르비에프스키Maciej Kazimierz Sarbiewski가 시를 창작하는 행위를 설명하면서 처음으로 '창조creation'라는 개념을 인간의 창의성과 연관 지어 사용했습니다. 그런데 이때에도 시에 한정되었고, "신의 방식으로"라는 말을 덧붙이긴 했습니다. 그래도 이 정도면 인간이 주체가 되어 새로운 것을 만들어 낸다는 오늘날의 창의성 개념에 그나마 한 발짝 다가선 것이었습니다.

페스트 한가운데에서 인간이 떠오르다

물론 '창의'라는 개념이 어느 날 갑자기 인간에게 넘어온 것은 아닙니다. 이렇게 되기 전에 중요한 전환점이 있었죠. 바로 신이 지배하는 사회에 반기를 들고, 새로운 가능성을 이야기하는 시대인 르네상스 시기입니다. 르네상스는 창의성이라는 개념이 정립되거나 공유해서 쓰이는 시대는 아니었지만, 오늘날의 관점에서 보면 창의적 개인이 등장하기 시작한 시기로 볼 수 있습니다.

14세기 중반, 유럽을 강타한 페스트(흑사병)로 유럽 인구의 약 3분의 1이 목숨을 잃었습니다. 이로 인해 노동력이 부족해지면서 농노제가 무너졌고, 살아남은 사람들의 가치는 상승했습니다. 생존자들은 경제적 여유를 누리게 되었죠. 노동의 품삯도 오른 데다 사망자들의 유산을 상속받기도 했거든요. 페스트는 살아남은 사람들의 경제적 사정을 바꿔놓았을 뿐만 아니라, 종교적·철학적 사유의 변화도 가져왔습니다. 사람들이 눈앞에서 새까맣게 변해서 죽어 가는데 신의 존재는 너무 멀게 느껴졌고, 신의 사도들은 죽음에 책임을 지거나 의무를 다하기보다는 도망가기에 바빴습니다. 그리고 신의 사도들 역시 페스트 앞에 당혹스러워하기는 마찬가지였습니다. 알베르 카뮈[Albert Camus]의 소설 《페스트》에서는 처음엔 페스트를 신의 심판으로 여기지만, 죄 없는 아이가 페스트에 걸린 것을 보고 믿음이 흔들리는 파늘루라는 신부의 이야기가 나오기도 합니다.[4]

페스트는 사람들에게 삶과 죽음에 대한 새로운 인식을 심어주었습니다. 하지만 종교가 그 인식의 주체는 아니었습니다. 중세를 지배하던 신의 그림자는 페스트 앞에 권위를 잃었고, 그 자리를 차지한 것이 바로 인간이죠. 그러면서 인간 중심적 사고가 부각되기 시작합니다.[5]

이것이 바로 '르네상스'입니다. 르네상스의 핵심 이념은 인문주의로, 신보다는 인간을 중심으로 사고하는 사상을 뜻합니다.

인체를 연구하고
그리기 시작한 예술가들

중세 시대의 그림은 대부분 성경의 내용을 다루었고, 작자 역시 미상이 많습니다. 당시 그림의 창작자는 자신의 생각과 재능을 표현하는 것이 아니라, 신의 뜻을 전달하는 도구로 여겨졌기 때문에 개인의 이름을 알릴 필요가 없었죠. 하지만 르네상스 시대에 이르러 그리스, 로마 시대의 이야기나 신화를 그림의 소재로 다루게 됩니다. 성경의 내용에서 벗어나고는 싶었지만, 갑자기 사과나 해돋이를 그릴 정도의 인식 전환까지는 도달할 수 없었던 거예요. 그래서 신화의 내용을 그리는데요, 다만 묘사된 그리스 신들은 매우 인간적인 모습이었고, 그 모습을 제대로 그리기 위해서 인간 모델을 쓰게 됩니다. 인간과 비슷하게 그리기 위해 예술가들은 인체를 연구하고, 그림을 더욱 세밀하고 사실적으로 표현하고 묘사하게 되었습니다.

이제 예술가들은 인간의 감정과 경험을 더욱 깊이 탐구하게 되었고, 자신이 표현하는 창작물이 반드시 신에 의한 것이 아니라는 사실

ㅣ 인간을 모델로 그리스 여신의 모습을 그리는 르네상스 예술가

도 깨닫게 되었어요. 그러면서 예술이 '발견'이 아니라 '발명'이라는 새로운 견해가 생기기 시작합니다. 그전까지 예술은 자연의 법칙을 발견해서 그 법칙대로 재현하는 것이었습니다. 하지만 이제 르네상스 시대의 예술가들은 단순한 발견자가 아닌 발명가들입니다. "회화는 존재하지 않는 것을 발명하는 것"이라고 한 베네치아의 미술 이론가 파올로 피노Paolo Pino 등의 말을 보면[6], 르네상스 시대의 예술가들은 예술을 '자연에 없는 새로운 것을 만드는 것'으로 인지하고 있었다는 사실을 알 수 있습니다. 오늘날 우리가 말하는 창의, 창조와 유사한 개념이 싹트기 시작한 것이죠.

AI 시대 창의적 인간

인간 중심의 시각으로 바뀌면서
탄생한 특출난 개인들

르네상스로 인간이 역사의 주인공으로 나서기 시작하면서 창의적 개인들이 주목받기 시작합니다. '천재'라고 하면 대표적으로 떠오르는 사람 중 하나가 바로 레오나르도 다빈치^{Leonardo da Vinci}일 것입니다. 미켈란젤로 부오나로티^{Michelangelo Buonarroti}, 라파엘로 산치오^{Raffaello Sanzio}, 산드로 보티첼리^{Sandro Botticelli} 등도 많은 이들이 알고 있는 이름일 텐데요, 그전에는 이렇게 개인이 주목받는 것이 불가능했어요. 레오나르도 다빈치가 천재로 인정받을 수 있었던 이유는 바로 르네상스 시대에 살았기 때문입니다. 만약 그가 한 세기 전에 태어났더라면, 어떤 행위와 도전을 하더라도 개인에게 포커스를 맞추지 않았을 것이고, 그의 행위를 창의적인 것으로 인정하지도 않았을 겁니다.

르네상스 시대에 이르러 천재가 탄생할 수 있었던 이유는 이때부터 창조가 인간의 몫으로 넘어왔기 때문입니다. 이전의 기독교 중심 시대에 창조는 신의 영역으로 여겨졌거든요. 이전 시대에서 세계를 이해하는 필터가 성경이었다면, 이제는 인간의 이성이 세계를 이해하고 발전시키는 도구로 등장한 것이죠.

이렇게 사물을 판단하고 바라보는 기준이 신 중심에서 인간 중심으로 바뀌는 과정에서 새로운 기술과 사실들이 발견되었습니다. 미술을 예로 들면 원근법이나 해부학적 정확성 같은 것들이 있는데요, 원근법은 관찰하는 사람의 시각에서 거리감을 느낄 수 있게 그리는 회화 기법이죠. 관찰의 주체가 사람이기 때문에 대상이 멀고 가까운 정도에 따라 그림의 표현이 달라집니다. 만약 신의 시점으로 풍경을 본다면, 원근법은 필요 없을 것입니다. 그런 면에서 원근법의 도입은 그림이 매우 인간 중심적으로 변화했다는 선언과도 같습니다. 해부학적으로 인간의 신체를 그림으로 정확하게 재현하려는 시도 역시 마찬가지죠. 매우 인간적인 이성의 시선으로 대상을 바라보는 거예요.

인간 중심의 시선에서 발견된 새로운 사실들을 정립하고, 조합하고, 융합하는 과정에서 새로운 창의적 결과물들이 나오기도 합니다. "해 아래 새것이 없다"고 하지만, 그전에는 몰랐기 때문에 다른 시선에서 보면 새것처럼 느껴지는 것이 분명히 있고, 그것들을 이용하고 적용하면서 과거와는 다른 창의적 결과물들이 생기기도 하거든요. 그리고 이러한 결과물을 만들어낸 주체들은 특출한 개인으로 추앙받게 됩니다. 당대에는 그런 개념이 없었기 때문에 후세에 이르러 이들을 '천재'라고 부르게 된 것입니다.

규칙을 깨는
사람으로서의 천재

칸트의 천재론

이마누엘 칸트^{Immanuel Kant}는《판단력 비판》에서 천재의 특징은 '독창성'이라고 이야기합니다. 이는 아이디어와 표현에서 자기만의 것을 만들어 내는 능력을 의미합니다. 천재들은 기존의 규칙을 따르기보다 새로운 규칙을 창조합니다. 독창적이라는 말에는 기존의 규칙을 따르지 않는다는 전제가 깔려 있습니다. 다른 사람과 똑같은 규칙 안에서 움직이는 사람을 독창적이라고 할 수는 없으니까요. 그래서 천재는 규칙을 만드는 사람인 동시에 규칙을 깨는 사람입니다. 새로운 규칙

| 칸트가 말하는 규칙을 깨고, 재능을 타고나는 천재

을 만든다는 것은 결국 기존의 규칙을 깬다는 뜻이고, 기존의 규칙에서 벗어나 자신만의 규칙에 따라 생각한다는 것입니다.

칸트는 천재는 자연이 예술에 부여한 특별한 재능으로, 이는 학습이나 규칙에 의해 얻어질 수 없다고 보았어요. 천재의 독창성은 날 때부터 타고나는 것이지, 배워서 되는 게 아니라는 뜻이죠. 그게 바로 오늘날에도 통용되는 '타고난 천재'의 개념입니다.

병적인 이미지가 있는 천재들

천재가 자신만의 규칙을 가진 사람들이라는 것은 매우 중요한 특징입니다. 그들은 타인들의 규칙 바깥 궤도에서 자기만의 규칙을 가지고 공전합니다. 그 새로운 공전 궤도를 다른 사람들이 이해하면 괜찮지만, 그렇지 못하면 사회에 적응하지 못하는 부적응자나 낙오자로 취급받기 쉽습니다. 대표적인 예로, 시대를 앞서간 화가 빈센트 반 고흐Vincent Van Gogh는 살아생전에 인정받지 못했습니다. 사후에 어느 정도 시간이 흐른 뒤, 그의 새로운 생각들을 시대가 받아들일 수 있게 되면서 시대를 앞서간 예술가로 재평가될 수 있었죠. 만약 시대가 흘러도 그의 새로운 궤도를 이해하지 못하는 분위기였다면, 흔한 천재들처럼 그도 그저 사회에 적응하지 못한 기인 정도로 치부되었을지도 모릅니다(이것도 좋은 평가지, 사실은 그냥 미친 사람 취급받는 것이 일반적이죠).

자신만의 규칙을 가진 천재들은 종종 시대와 화합하지 못하는 모습을 보입니다. 시대의 규칙에 조금씩 맞춰나가면서 자신의 규칙을 조정하는 사람은 이미 천재가 아니거든요. 이런 사람들은 보통 인재라고 합니다. 시대와 사회에서 겉도는 천재 중에 유난히 자신의 길에 집중하느라고, 다른 사람들을 신경 쓰지 않는 수준을 넘어 아예 다른 사람이 없는 것처럼 행동하는 사람들이 종종 있습니다. 이런 모습이 바로 괴팍한 천재의 이미지죠.

이런 천재들은 다른 사람의 이해를 바라거나 구하지 않습니다. 자신의 규칙을 다른 사람이 이해하지 못한다는 사실을 어려서부터 알게 되거든요. 그러다 보니 천재들의 특징을 일종의 병적인 문제나 비정상적인 정신 문제와 연관 지어 생각하기도 합니다. 정상과 비정상을 가르는 기준은 결국 대다수냐 아니냐에 달려 있기 때문에, 아무래도 소수일 수밖에 없는 이 규칙 밖의 존재들은 비정상으로 간주되곤 하는 거죠.

인류사에 손꼽히는 천재 중 하나인 알베르트 아인슈타인^{Albert Einstein}의 어린 시절을 설명하기 위해 '아인슈타인 증후군'이라는 병명이 만들어지기도 했습니다. 실제로 사후에 뇌과학자들이 아인슈타인의 뇌를 해부해 본 결과, 분석을 담당하는 한쪽이 비정상적으로 발달해 있었다고 합니다. 그러다 보니 다른 쪽이 이 영역에 침범을 당해서 눌리는 건데요, 아인슈타인은 언어를 담당하는 영역이 침범당해서 어릴 때 말이 늦고 어눌했다는 것이죠. 인도의 수학 천재 스리니바사 라마누잔^{Srinivasa Ramanujan}, 노벨상을 받은 경제학자 게리 베커^{Gary Becker}, 물리학자 리처드 파인먼^{Richard Feynman} 등도 이 증후군에 해당한다고 해요.[7] 아인슈타인은 이 외에도 자폐증, 아스퍼거 증후군, ADHD 등 다양한 질환을 함께 앓았다고 알려져 있습니다.[8]

현대에는 천재와 기인의 중간쯤에서 줄타기를 하는 인물로 테슬라의 CEO 일론 머스크^{Elon Musk}를 꼽을 수 있는데요, 일론 머스크는 '새터데이 나이트 라이브^{Saturday Night Live, SNL}'에 출연하여 이렇게 말하기도 했습니다.

"혹시 저 때문에 감정이 상한 사람이 있다면, 그저 이렇게 말하고 싶네요. 저는 전기차를 재창조했고, 지금은 사람들을 로켓선에 태워 화성으로 보내려 하고 있습니다. 그런 제가 차분하고 정상적인 친구일 거라고 생각하셨나요?"[9]

일론 머스크는 자신이 아스퍼거 증후군을 앓고 있다고 밝힌 바 있습니다. 아스퍼거 증후군은 발달 장애의 일종으로, 사회성에 문제가 있어 대인관계를 어려워하는 병입니다. 농담을 못 알아듣고, 사회적 맥락을 알아채지 못하죠. 대신 이런 사람들은 특정 분야에서 뛰어난 지적 능력을 발휘하는 경우가 많습니다. 미국의 인기 시트콤이었던 〈빅뱅 이론〉의 사회성 부족한 천재 캐릭터 셸던 쿠퍼가 바로 아스퍼거 증후군의 전형적인 특징을 가진 인물입니다. 제작진이 이를 공식적으로 인정한 적은 없지만, 시청자들 사이에서는 이러한 해석이 널리 받아들여지는 분위기죠.[10]

두 갈래로 갈라진 창의성

독창성은 천재의 특징입니다. 그리고 천재들은 '일반적인 범주를 벗어난 궤도에서 비정상적으로 존재하는 사람들'입니다. 이 두 가지 개념은 자연스럽게 연결됩니다. 따라서 창의성은 타고나는 것이며, 일반적인 사람들의 영역은 아닌, 조금은 비정상적인 사람들이 하는 사고의 산물이라는 인식이 생겨난 것이죠. 이것이 아직도 많은 사람이 창의성에 대해서 가지고 있는 기본적인 개념입니다.

하지만 근대에 들어서면서 창의성은 두 가지 지류로 갈라지게 됩니다. 이는 근대의 분과 학문 체계와 급작스럽게 발전한 과학의 영향 때문입니다. 과거에는 인문과 과학이 특별하게 구분되지 않았으나, 근대에 이르러서는 두 분야가 확연히 갈라지게 되거든요. 그러면서 인문·예술에서 요구되는 창의성과 과학·기술에서 요구되는 창의성이 다른 양상으로 발전하기 시작했습니다.

인문·예술에서의 창의성은 여전히 전통적인 창의성 개념하에 있다면, 과학·기술에서의 창의성은 '발견'이라는 개념과 연결됩니다. 과학·기술은 문제 해결, 효율성 향상, 객관적 진리 탐구에 중점을 두며, 그 결과물은 보다 구체적이고 측정 가능한 경향이 있습니다. 이러한 이유로 과학·기술에서의 방법론은 논리적 사고, 실험, 데이터 분석 등 체계적인 방법을 사용합니다. 그래서 과학·기술에서는 기존 지식을 바탕으로 한 혁신이 중요합니다.

인문·예술은 독창성, 표현력, 미적 가치와 같은 주관적 기준으로 평가되는 경향이 있는 반면, 과학·기술은 객관적인 기준에 따라 평가

▎ 과학자가 기준에 따라 원소들을 분류하는 모습을 시각화한 그림

됩니다. 실용성, 효율성, 재현 가능성과 같은 요소가 중요한 평가 기준이 되기 때문에 요구되는 창의성의 성격이 달라지는 것이죠.

과학·기술에서의 창의성은 새로운 규칙을 만들어 내는 것이라기보다는 새로운 시각으로 접근하는 노력을 의미합니다. 이미 존재하지만 우리가 알지 못했던 규칙을 찾아내기 위해 관점을 바꾸는 것이죠. 예를 들어 주기율표는 원소들을 분류하고 구분 짓는, 이전에 없었던 창의적인 방법이었지만, 원소들을 창의적으로 만들어 낸 것은 아니죠. 자연에 존재하는 원소들을 늘어놓고 그 속에서 규칙을 발견하는 새로운 방법이었을 뿐, 세상에 없던 무언가를 독창적으로 만들어낸 것은 아닙니다.

대중화된 창의성

오늘날 우리가 생각하는 창의성은 두 가지 개념이 혼합되어 있습니다. 하나는 '하늘에서 점지한 천재의 타고난 창의성'이라는 전통적인 개념이고, 또 다른 하나는 '관점 전환'으로 대표되는 과학·기술에서의 창의성입니다. 다양한 요소를 연결하고, 바꿔보고, 혼합하는 가운데 생기는 여러 가지 의외의 발견들이 창의성과 연결됩니다. 과학·기술에서의 창의성이 반드시 해당 분야에서만 발휘되는 것은 아닙니다. 이러한 창의적 사고의 방법론들은 초기에는 주로 과학·기술 분야에서 사용되었지만, 점차 일상의 문제나 비즈니스 상황에서도 적용되기 시작하면서 대중화되었습니다.

천재들의 독점 체제였던 창의성은 개념 전환을 거쳐 민주화되고 대중화되어서 지금에 이른 것입니다. 따라서 오늘날 비즈니스나 일상생활에서 창의적으로 생각하라는 말은 천재적으로 사고하라는 뜻이 아닙니다. 가령, 회사 CEO가 "근무 효율을 가장 높일 수 있는 창의적인 근무시간 배치법을 찾아보자"라고 했을 때, "그렇다면 저는 가장 능률적으로 일할 수 있는 시간이 2시간이니까, 2시쯤 나와서 4시까지만 일하고 들어가겠습니다"라는 파격적인 방법을 제시하라는 게 아닙니다. 어느 정도의 틀 안에서 변화를 시도하고 재배열하는 정도의 '창의성'을 원하는 것이죠. CEO가 원하는 것은 "근무시간 따위가 뭐가 중요한가요? 무엇을 했느냐가 중요하지. 그러니 저는 근무시간에 신경 쓰지 않고, 확실한 성과를 보여드리겠습니다." 같은 대답이 아닙니다. 이런 식으로 답하면 "소속 따위가 뭐가 중요한가요? 본인이 만족하는 곳에 있으면 되지. 내일부터 나오지 마세요."라는 대답을 듣게 될 수도 있습니다.

창의성의 발명

조면기 개량이 가져온 남북전쟁

오늘날 우리가 생각하는 창의성과 일반적으로 필요한 창의성은 새로운 과학과 기술, 그리고 그에 따른 비즈니스적 요구에 의해서 만들어진 개념입니다. 산업화의 결과로 창의성이 발명되었다고 생각해도 무방합니다.

산업혁명은 창의성이 대중화되기 시작한 기점이라고 말해도 무리가 없습니다. 산업혁명은 18세기 중엽 영국에서 시작한 기술혁신과 이에 따라 수반된 사회·경제 구조의 변화를 의미하는데요, 이러한 변화는 곧 유럽과 미국, 러시아, 그리고 20세기 후반에 이르러서는 동남 아시아, 아프리카, 라틴 아메리카 등으로 확산되었습니다.[11]

산업혁명은 대규모 생산과 기계화를 가져왔고, 이는 제품과 서비스 의 혁신을 촉진하는 중요한 역할을 했습니다. 이 시기에 발명과 혁신 은 경제적 가치를 창출하는 주요 수단으로 인식되기 시작했으며, 창의 적인 아이디어는 새로운 기계나 생산 프로세스의 개발로 이어져 직접 적인 이익을 창출할 수 있었습니다. 대표적으로, 제임스 와트[James Watt] 의 증기기관 개선은 산업 생산성을 획기적으로 증가시켜 경제 전반에 큰 영향을 미쳤습니다. 그리고 여러 가지 기술의 개량이 이루어졌는 데, 이 기술들은 생산성을 향상시키는 방법에 초점이 맞춰져 있었죠.

이러한 창의적인 기술 개량은 사회와 경제 구조를 바꾸는 데 결정 적 역할을 합니다. 미국의 노예제는 1793년 일라이 휘트니[Eli Whitney]가 새로운 조면기를 개발하면서 심화된 것이라고 할 수 있습니다. 조면기 는 면화에서 씨앗을 분리하는 기계로, 이미 고대 인도에 '샤카[charka']라는 기계가 있었습니다. 하지만 이 전통적인 조면기는 일부 품종에 서만 작업이 가능하다는 한계가 있었어요. 그런데 일라이 휘트니가 비교적 간단한 기계장치로 이 조면기를 개량하면서 여러 품종에 적 용할 수 있게 됩니다. 그러면서 미국의 면화 산업이 대박이 납니다.[12]

산업혁명으로 인해 영국에서 면화 수요가 증가했지만, 기존의 조 면기로는 생산량에 한계가 있어 충분한 공급이 어려웠습니다. 그러나

| 미국 코네티컷주 일라이 휘트니 박물관에 전시되어 있는 조면기[13]

새로운 조면기의 등장으로 면화 재배량이 급격하게 늘어났고, 미국 남부에서는 대규모 농장인 플랜테이션plantation이 들어서면서 노예의 수요가 급증했습니다. 당시에도 노예에 대해서 동정적인 여론이 있었지만, 노예가 확실하게 돈을 벌어주는 수단이 되면서 적어도 미국의 남부지방에서는 노예제에 대한 의심이 자취를 감추었습니다(언제나 돈은 싸움의 원인이지만, 그 싸움을 종식시키는 것도 결국 돈이죠).

면화 생산과 수출로 남부지방에는 부가 쌓여가는 반면, 북부는 그러한 농업 환경이 아니었기 때문에 격차가 점점 벌어지면서 남북 갈등이 본격화됩니다. 북부는 노예 해방을 기치로 내세웠지만, 인권적 필요는 명분이었을 뿐 우선순위가 아니었어요. 적어도 당시에는 말이죠. 노예제를 폐지해서 면화 생산에 인건비를 들게 함으로써 남부의 경제적 힘을 약화하려는 북부의 실용적인 계산이 먼저 있었던 겁니다. 노예 해방의 아이콘인 에이브러햄 링컨Abraham Lincoln은 1862년 『뉴욕 트리뷴New York Tribune』의 편집장 호레이스 그릴리Horace Greeley에게 보낸 공개서한에서 다음과 같은 입장을 밝힙니다.

> "… 이 싸움에서 내가 견지하는 최대의 목표는 바로 연방을 지키는 것이며 노예제를 지키거나 파괴하는 것은 아닙니다. 만약 그 어떤 노예도 해방시키지 않고 연방을 지킬 수 있다면 그렇게 할 것이고, 모든 노예를 해방시킴으로써 연방을 지킬 수 있다면 그렇게 할 것이며, 일부는 해방시키고 일부는 내버려둠으로써 연방을 지킬 수 있다면 역시 그렇게 할 것입니다."[14]

링컨이 한 말을 보면 당시 노예 해방의 의미는 지금 같은 수준은 아니었던 거죠. 그런데 남북전쟁까지 이어지는 미국 노예제의 역사에서 중요한 역할을 한 것이 바로 조면기의 개량이거든요. 만약 조면기가 개량되지 않아서 충분한 면화 생산이 불가능했다면 미국에서 노예의 필요성이 이렇게까지 증가하지는 않았을 것이고, 남북의 경제 수준 차이도 이 정도로 벌어지지 않았을 겁니다. 이렇게 기술 발달이 사회·경제적 구조에 큰 영향을 미치는 일들은 이후에도 계속됩니다.

세미나로 찾아내는 창의성

20세기에 일어난 두 차례의 세계대전은 과학기술의 급격한 발달을 이끌었습니다. 전쟁에 필요한 최신 기술 개발에 전 세계의 자금과 인재들이 투입되다 보니, 이때 만들어진 기술이 그 이후의 세상을 급격하게 변화시키죠(원자폭탄이 처음 만들어진 것도 이 시기였습니다).

전쟁통에는 하지 못했던 연구들이 전쟁 이후에 이루어지기 시작하는데, 그중 하나가 바로 창의성 연구입니다. 앞서 창의성에 대한 역사적 변모를 살펴보았지만, 사실 그 전의 '창의성'은 창의성이라는 말보다는 '영감'에 더 가까웠어요. 오늘날 우리가 사용하는 창의성이라는 개념은 1950년, 당시 미국 심리학회 회장이었던 조이 폴 길포드[J.P. Guilford]가 미국 심리학회에 보낸 연설에서 시작된 것으로 간주됩니다.[15] 길포드는 창의성의 구성 요소를 민감성, 융통성, 독창성, 정교성, 유창성으로 정의했습니다. 그 유효성을 떠나서 창의성을 분석하고 세부 요소로 나누었다는 시도 자체가, 창의성이 인간의 통제하에 있다는 관점에서 파악된 것이라는 의의가 있습니다. 길포드는 창의성이 특별한 사람에게만 있는 능력이 아니라 모든 사람이 가지고 있는 사고의 한 형태라고 말했거든요. 개인에 따라 정도의 차이만 있을 뿐, 창의성은 천재의 선유물이 아니라는 것이죠.

따라서 오늘날 우리가 알고 있는 창의성 개념은 1950년대 무렵부

AI 시대 창의적 인간

터 시작되었다고 볼 수 있습니다. 이때까지만 해도 과학·기술 분야에 적용되는 창의성은 기존의 예술 분야에 적용되는 천재의 창의성과는 차이가 있었지만, 여전히 과학 천재들이 발휘하는 능력이라는 엘리트 개념이 어느 정도 남아 있었어요. 과학자들이 꿈에서 벤젠 고리나 주기율표를 발견하는 힌트를 얻었다는 이야기들이 그러한 창의성의 신화를 더욱 부추겼죠. 뭔가 영감을 받는 듯한 모습이잖아요.

그런데 1950년대부터 창의성이 특정한 개인이 아닌 모든 사람이 가진 능력이라는 주장이 등장합니다. 이는 사회적·경제적 필요에 의해 형성된 개념이었습니다. 세계대전 이후에 본격적으로 개인들의 시대가 열리거든요. 전쟁 시기에는 효율적인 대량생산이 필요했고, 인권적으로 개인보다는 집단을 우선시했습니다. 엘리트 한 명이 만들어 놓은 기술적 개량을 그대로 따라가며 산업화라는 명목으로 획일화를 구축하던 시기였죠. 그러니 개개인이 창의성을 가질 필요가 없었고, 효과적인 생산을 위해서는 가져서도 안 되었습니다.

하지만 전쟁 이후 인력이 부족해지면서 여성들도 사회에 진출하여 직업을 가지는 시대가 열렸습니다. 사회 곳곳에서 개개인의 능력이 필요해지기 시작했죠. 특히 비즈니스가 활발하게 이루어지면서 경영학에서 창의성이 조직의 경쟁력을 강화하는 중요한 요소로 강조되기 시작했습니다. 피터 드러커^{Peter F. Drucker}와 같은 경영학자들은 혁신과 창조성을 경영의 중심에 두어야 한다고 주장했습니다. 시장에서 성공하려면 기업은 지속적인 혁신이 필요했고, 이는 직원들이 창의적으로 사고하고 그 잠재력을 발휘할 수 있느냐에 달려 있었습니다.

3M의 대표 상품인 포스트잇이 실패의 산물이라는 것은 널리 알려진 에피소드죠. 3M의 연구원으로 일하던 스펜서 실버Spencer Silver는 비행기 제조에 사용할 초강력 접착제를 만들려다가 오히려 접착력이 너무나 약해 흔적조차 남기지 않고 떨어지는 초약력 접착제를 만들고 맙니다. 하지만 이 실패작은 동료인 아서 프라이Arthur Fry가 메모지로서의 활용도를 찾아내어 3M의 대표적인 성공작이 되었습니다.[16] 그런데 이 이야기의 중간에 생략된 부분이 있습니다. 아서 프라이가 이 초약력 접착제를 보고 메모지로 활용하는 아이디어를 곧바로 생각해 낸 게 아니라는 거예요.

스펜서는 입사 2년 차에 만든 이 초약력 접착제를 실패작으로 남기고 싶지 않았습니다. 앞으로의 커리어 관리상 자신의 창조물이 실패해서는 안 되었죠. 그래서 이 접착제를 사용할 곳을 찾기 위해 다양한 시도를 해보고, 사내 세미나도 개최하여 여러 동료들의 의견을 모았습니다. 무려 5년 간이나 말이죠. 그러던 중 세미나에 참가했던 아서 프라이가 교회 성가대에서 찬송가집 책갈피로 써본 다음, 간단한 메모를 남기는 메모지로 사용해 보자고 제안하면서 오늘날의 포스트잇이 된 것입니다. 실수로 약한 접착제를 개발한 것이 1968년인데, 1977년이 되어서야 처음으로 '프레스 앤 필Press n Peel'이라는 이름으

│ 포스트잇이 개발되기까지의 과정을 묘사한 그림

로 상품이 출시되었습니다. 하지만 사람들은 처음 보는 이 물건을 어떻게 사용해야 할지 몰랐고, 결국에는 판매가 중단되었습니다. 그리고 1978년에 '포스트잇 노트'라는 이름으로 리브랜딩하면서 무료 샘플을 나눠주는 전략으로 대중들에게 사용법을 알렸고, 그 후에 오늘날 우리가 아는 포스트잇이 된 것입니다.[17]

여기서 주목할 점은 포스트잇이라는 창의적인 제품이 하루아침에 탄생한 것이 아니라 세미나, 회의, 의견 수렴 등의 과정을 거쳐 오랜 시간 동안 용도를 찾아내고 커스터마이징한 끝에 제품화되었다는 사실입니다. 포스트잇의 탄생 스토리를 만들려고 한때는 회사의 청소부가 성경책에 사용했다는 식의 소문이 나돌기도 했지만 그건 과장된 이야기고, 실제로는 오랜 회의와 세미나의 결과로 창의적인 용도를 찾아낸 것이죠. 이처럼 창의적인 아이디어가 나오기까지 시간이 걸릴 수도 있지만, 회의나 세미나를 통해서 얼마든지 창의성을 끌어낼 수 있습니다. 회의에서 의견을 나누고 협업하는 가운데 더 좋은 아이디어로 발전할 수도 있으며, 이 경우 창의성은 개인의 특성에 머무르지 않고 협동의 산물이 되기도 합니다. 현대에 와서 (특히 기업 차원에서) 창의성은 얼마든지 컨트롤하고, 개발하고, 발전시킬 수 있는 역량 중 하나가 되었습니다.

개인의 영향력이 확장된 디지털 시대

창의성이 누구에게나 있지만 발현 정도가 다른 특성 중 하나로 인식되면서, 창의성을 개발할 수 있느냐 없느냐가 관건이 되었습니다. 이에 따라 여러 가지 창의성 연구가 진행되고, 워크숍 프로그램이 나오고, 방법론이 제시되기 시작했습니다. 특히 기업에서는 생산성을 향상하거나 마케팅 효율을 높이기 위해 직원들 개개인의 창의력이 절실해졌고, 직원들의 창의성을 높이기 위한 다양한 시도와 교육이 활발하게 이루어졌죠. 지금도 기업 교육에서는 커뮤니케이션 스킬, 최신 트렌드 파악, 리더십 향상과 더불어 창의성 개발이 중요한 네 가지

AI 시대 창의적 인간

기둥 중 하나입니다.

또한 지금은 디지털 혁신으로 개인의 역량이 매우 중요한 시대가 되었습니다. 디지털 기술 덕분에 개인이 처리할 수 있는 일의 범위와 양, 퀄리티가 비약적으로 향상되면서 개인의 역량이 수직 상승하게 되었거든요. 과거에는 10명이 처리해야 했던 일을 혼자서도 해결할 수 있는 시대가 된 거죠.

오늘날 개인의 창의성은 그 어느 때보다 중요한 자산이 되었습니다. 개인의 창의력이 순식간에 다른 사람들에게도 영향을 미칠 수 있는 연결의 시대이기 때문입니다. IT 신제품이 출시되면 바로 그날부터 하루 사이에 수많은 리뷰 영상이 유튜브와 틱톡을 채웁니다. 개선된 성능과 유용한 사용법 등을 알려주는 정보가 순식간에 빠르게 공유되죠. 누군가가 신제품의 창의적인 이용법을 제시하고 그 콘텐츠가 공감을 받으면, 즉시 세계적인 표준이 되어 버리기도 합니다.

이처럼 연결 도구와 인프라가 갖춰진 디지털 혁명 시대에는 개인의 창의력이 전 세계에 영향을 미칠 수 있는 여건이 갖춰져 있는 셈입니다. 기업 밖에서도 그렇지만 기업 안에서도 마찬가지입니다. 끊임없이 변화하는 시장 환경에서 기업이 살아남으려면 직원 개개인의 창의성이 필수적입니다. 최근 기업들이 직원들의 창의성 개발에 더더욱 신경을 쓰는 이유도 바로 이 때문입니다.

마법사와 마술사의 차이

디지털 시대의 창의성은 단순히 새로운 아이디어를 생산하는 것을 넘어, 이를 실용적으로 전환하고 실행 가능한 전략으로 개발하는 능력을 포함합니다. 이렇게 보면, 과거 '영감'에 가까운 창의성 개념과 현대 사회에서 요구하는 창의성 개념이 꽤 다르다는 것을 알 수 있습니다.

오늘날 창의성 교육에서 강조되는 것은 '문제해결 능력'입니다. 그래서 자연스럽게 '창의적 문제해결력'이라는 말이 널리 쓰이는데요, 인문이나 예술 분야에서의 창의성은 감정, 경험, 아이디어의 표현과 해석에 초점을 맞추고, 그에 대한 결과물은 주관적이고 다양한 해석이 가능합니다. 반면 과학·기술이나 비즈니스 분야에서의 창의성은 문제 해결, 효율성 향상, 객관적 진리 탐구에 중점을 둡니다. 이에 대한 결과물은 보통은 지표나 수치로 나타나기 때문에 구체적이고 측정 가능한 경향이 있습니다. 그래서 과학·기술이나 비즈니스, 산업 현장에서 필요한 창의성은 나온 것을 새롭게 활용하고, 두 가지 이상을 융합하고, 기존의 것에서 다른 면을 통찰해서 새로운 면을 찾아내는 식의 창의성입니다.

지금 우리에게 필요한 창의성은 바로 이런 문제해결적 창의성이고, 과학·기술에서의 창의성이며, 비즈니스와 일상생활에 적용할 수 있는 창의성입니다. 이런 창의성은 천재적 영감이 아닌, 다양한 관점

AI 시대 창의적 인간

으로 바라보려는 노력과 의지에서 나옵니다. 발전하고, 개발하고, 개량할 수 있는 창의성인 것이죠. 그리고 바로 이러한 창의성이 현대 사회를 이끌어가고 있고요. 오늘날 세상을 바꾸는 창의성은 화가의 붓이나 음악가의 악기에서 나오는 것이 아니라, 체크무늬 남방을 입은 엔지니어의 뿔테 안경에서 나옵니다. 하지만 결국 그것을 창의적으로 활용하고 만드는 것은 비즈니스맨의 금테 안경에서 나오죠.

지금까지 인류의 창의성 발전 역사를 간략하게 살펴보았습니다. 창의성은 현대적인 개념이기 때문에 사적인 변화를 구분하는 기준이 명확하지는 않습니다. 은유적으로 말하면, 인류의 창의성 발전은 마법에서 마술로 넘어오는 과정과도 비슷합니다. 마법사는 타고나는 종족이라면, 마술사는 연습하고 훈련하는 직업이니까요.

ㅣ 타고나는 '종족'인 마법사와 훈련해서 획득하는 '직업'인 마술사의 차이

Part 2

타고나는 게 아닌
자라나는 창의성

창의성 2.0의 시대
: 현대적 의미의 창의성

아이돌 연습생 교육하기

몇 년 전 YG 엔터테인먼트로부터 한 통의 전화를 받았습니다. 알고 보니 YG 아이돌 연습생들의 교육을 의뢰하는 내용이었어요. 독서를 도구로 약간의 상식과 인성 교육을 반년 정도 같이 해보자는 제안이 었죠. 엔터테인먼트 비즈니스나 아이돌 연습생이라는 요소가 무척 흥미로워서 흔쾌히 수락했는데, 막상 시작하고 보니 난관의 연속이었습니다. 아이돌 교육을 위해 정립된 커리큘럼이 없었거든요. 게다가 초등학교 5학년인 여자 연습생부터 스무 살이 넘은 남자 연습생까지 멤버들의 연령대도 다양했습니다. 모두 합해서 총 서른 명 정도였는데, 8~9명씩 그룹별로 나눠서 교육을 진행하긴 했지만 그야말로 생각도, 원하는 것도, 아는 것도 천차만별인 그룹이었어요. 그래서 처음 두세 달 동안은 약간 좌충우돌이었습니다.

하지만 몇 차례 교육을 진행하면서 이 아이들에게 필요한 게 무엇인지, 그에 맞는 방법이 무엇인지를 점차 알게 되었습니다. 특히 방법론적인 측면에서의 깨달음이었는데요, 하루에 10시간씩 춤추고 노래 연습을 하는 친구들이라, 가만히 앉아서 무언가를 듣거나 생각하게 하면 상당히 높은 확률로 졸음이 몰려온다는 것을 알게 되었죠. 그래서 다른 방법이 필요하다고 생각하던 중에 이 친구들이 게임이나 승부에 상당히 진심이라는 것을 알게 되었어요. 같은 내용도 퀴즈 형식으로 바꾸고, 작은 상품이지만 초콜릿 하나라도 걸면 교육 시간은 열정이 넘치는 시간으로 변하곤 했습니다.

몇 가지 재미있는 게임이나 퀴즈들을 진행했었는데, 그중 하나가 이상하게 생긴 동물을 보고 어떤 동물인지 맞히는 게임이었어요. 2012년에 출판된 《올 예스터데이즈All Yesterdays》[1]라는 고생물학 책을 게임에 활용했는데요, 지금까지 뼈를 기반으로 복원된 동물들의 복원도가 얼마나 잘못될 수 있는지를 보여주는 책이었죠.

이 책의 후반부에는 현재 존재하는 동물들의 뼈만 남았을 때, 미래의 지적 생명체가 이를 바탕으로 어떻게 복원할지 상상하며 그려놓은 그림이 있습니다. '미래의 지적 생명체들이 오늘날의 동물들을 복원한다면 어떤 모습으로 복원할까?'라는 주제였죠. 먼저 잘못된 복원도를 보여주고, 그 생물이 원래 어떤 모습이었을지 역으로 맞혀보는 게임을 진행했습니다.

예를 들어 다음의 그림을 보고 어떤 동물일지 추측해 보는 겁니다.

이 동물이 어떤 동물로 보이시나요? 물론 이런 그림은 재미를 더하고 클리셰를 깨려는 의도가 있기 때문에 좀 과장되기 마련입니다 (원래 원작에 실린 그림을 보여드리고 싶었지만, 저작권 문제로 AI로 만든 그림으로 대체했습니다).

| 미래의 지적 생명체들이 현존하는 생물의 뼈를 바탕으로 복원한 그림

이 동물을 복원한 기초가 된 뼈대는 코끼리예요. 코끼리의 가장 큰 특징은 긴 코인데, 코는 뼈가 아니기 때문에 뼈를 기초로 복원하면 코끼리의 가장 핵심적인 코가 복원되지 않습니다. 펄럭이는 큰 귀 역시 뼈만 가지고는 복원할 수 없고요. 그래서 결국 상체가 우람한 말에 더 가까운 모습이 되어 버렸어요.

이 교육을 진행하면서 깨달은 것이 있습니다. '똑같은 뼈대 위에 살과 털을 어떻게 입히느냐에 따라 전혀 다른 모습이 되기도 하는구나' 하는 깨달음이었어요. 핵심이 되는 뼈대는 그대로인데, 그 위에 무언가 다른 것들을 더함으로써 완전히 다른 결과물이 나오는 거잖아요.

창의성도 이와 같다는 생각을 했습니다. 어떤 요소 중에서 뼈대가 되는 요소를 정확히 잡고, 그 위에 살을 붙이는 방식으로 아예 다른 것을 만들어 낼 수 있다는 거죠. 다시 말해서, 기존에 있던 것에서 가장 중요한 특징이나 지켜야 할 요소, 즉 뼈대만 남기고 그 외의 부분들은 과감하게 제거한 다음 그 위에 조금 다른 시선으로 살이 될 만한 디테일을 더하면 기존의 것과 매우 다르게 보일 수 있습니다. 뼈를 토대로 하므로 핵심은 같지만, 겉보기에는 완전히 달라 보이는 창의적인 결과물이 나오는 거죠. 하지만 그 결과물은 완전히 새로운 것이라기보다는 기존의 것에 대한 변형이라고 하는 게 맞을 것입니다.

프레임 빌드법

창의성을 발휘하는 방법이 이런 원리라면, 이를 바탕으로 창의성을 발휘하는 프로세스를 만들어 볼 수 있습니다. 이 과정을 매뉴얼화하고 이름까지 붙이면 그럴듯한 창의성 접근법이 됩니다. 핵심적인 뼈대만 남기고, 그 뼈대에 무언가를 더하는 방식이니까 '프레임 빌드법Frame Build Method' 정도가 좋을 것 같네요.

이제 이 프레임 빌드법으로 제품을 개발한다고 가정해 볼까요? 커피 머신을 예로 들어보겠습니다. 전통적인 에스프레소 머신은 고품질 커피를 추출하는 데 전문적인 지식과 기술이 필요했습니다. 가정이나 소규모 사무실에서 에스프레소를 추출하려면 원두의 품질, 분쇄도, 압력, 물의 온도 등을 정확하게 조절해야 했는데, 이는 사용자에게 많은 번거로움을 안겼습니다. 또한 커피 품질을 일관되게 유지하기 어렵다는 문제도 있었죠. 이런 까다로운 공정을 거치다 보니 시간이 오래 걸리고, 세척 및 유지 관리도 번거로웠습니다. 한마디로 대중들이 집에서 커피 머신으로 커피를 내려 마시기란 쉽지 않은 일이었죠.

이제 이 과정에서 핵심만 남겨보는 거예요. 온도나 압력을 세밀하게 조절해서 맛의 미묘한 차이를 만드는 것을 선호하는 사람도 있겠지만, 대다수의 사람들은 원두의 차이를 느낄 수는 있어도 추출 온도에 따른 미세한 맛의 차이를 느낄 만큼 민감한 입맛을 가지고 있지는 않거든요.

그래서 네스프레소는 가정에서 신선한 커피를 마시는 핵심을 가열된 물로 분쇄된 원두를 추출하는 과정이라고 보고, 머신에서 이 부분만 남겨두고 나머지 과정은 모두 자동화해 버립니다. 원두를 갈고, 분쇄된 커피를 적절한 압력으로 눌러주는 탬핑을 표준화해서 커피 캡슐을 만들어 낸 거죠. 그리고 물의 온도, 압력, 추출 시간 등을 자동으로 조정해서 최적화된 결과물이 나오도록 만들었습니다. 이렇게 핵심 요소만 남기고 나머지를 바꾸거나 제거함으로써 오늘날 전 세계 가정에서 흔히 볼 수 있는 혁신적인 커피 머신이 탄생한 것입니다.

그렇다고 해서 네스프레소 머신이 프레임 빌드법을 사용해서 개발되었다는 뜻은 아닙니다. 다만, 이와 같은 프로세스를 따라가다 보면 네스프레소 머신과 같은 창의적인 결과물을 만들 수 있다는 하나의 예시일 뿐입니다.

스캠퍼 기법

네스프레소 머신의 개발 과정은 문제해결의 방법으로도 접근해 볼 수 있고요, 창의적 결과를 도출히는 대표적인 기법인 스캠퍼SCAMPER 기법으로도 적용해 볼 수 있습니다. 스캠퍼 기법은 미국의 광고업자

| 기존의 복잡한 커피 머신에 비해 훨씬 간편해진 네스프레소 머신

이자 창의적 사고 전문가인 밥 에벌리[Bob Eberle]가 1970년대에 처음 개발한 방법입니다. 그는 창의적인 문제해결을 촉진하기 위한 방법으로 스캠퍼 기법을 제안했습니다. 이 기법은 기존의 문제해결 기법을 더욱 체계적으로 활용할 수 있도록 구성된 도구로, 특히 아이디어 생성과 혁신적인 사고를 자극하는 데 중점을 둡니다.[2]

스캠퍼는 각기 다른 7가지 방법을 나타내는 단어들의 약어로, 각각의 방법은 문제를 다양한 관점에서 생각하도록 유도합니다. 보통 이 기법은 개인이나 팀이 기존의 아이디어, 제품, 프로세스 등을 개선하거나 완전히 새로운 아이디어를 창출할 때 유용합니다. 스캠퍼의 7가지 요소는 대체[Substitute], 결합[Combine], 응용[Adapt], 수정(확대, 축소)[Modify], 전용[Put to another use], 제거[Eliminate], 뒤집기[Reverse]입니다.

스캠퍼의 7가지 요소

① 대체

대체는 제품의 재료, 기능, 사람, 프로세스 등을 다른 것으로 바꾸어 새로운 아이디어를 창출하는 기법입니다. 특정 요소를 다른 것으로 대체할 수 있을지 생각해 보는 거죠. 제품의 재료를 다른 재료로 변경하는 것만으로도 새로운 제품을 만들 수 있는데요, 플라스틱 빨대의 재질을 종이로 '대체'해서 종이 빨대를 만든 사례가 좋은 예입니다.

② 결합

결합은 두 개 이상의 아이디어, 요소, 기능 등을 합쳐 새로운 것을 만들어내는 방법을 말합니다. 서로 다른 두 제품을 결합해 하나의 새로운 제품을 만들거나, 기능을 통합해 새로운 가치를 창출할 수 있습니다. 가장 유명한 사례는 인터넷 기기, 전화, MP3 플레이어를 '결합'해 탄생한 애플의 아이폰입니다.

③ 응용

응용은 다른 상황에서 성공한 아이디어나 방식을 현재 문제에 적용해 보는 것입니다. 다른 산업이나 분야에서 사용된 기술이나 방법을 현재 상황에 맞게 변형하여 적용하는 거예요. 일례로, 군사용으로 개발된 GPS 기술을 차량 내비게이션에 '응용'해서 지금은 대중들이 폭넓게 쓰고 있죠.

④ **수정**

수정은 확대나 축소를 포함하여 기존의 아이디어, 제품의 크기, 모양, 색상, 과정 등을 변경하는 것을 의미합니다. 제품의 크기를 줄이거나 키워서 새로운 사용자 경험을 제공하거나, 색상이나 디자인을 변경하여 새로운 느낌을 주는 거죠. 고프로^{GoPro} 카메라는 기존의 캠코더 크기를 '수정(축소)'해서 스포츠나 야외 활동에 편리하게 사용할 수 있도록 만들어 대박을 터트렸습니다.

⑤ **전용**

전용은 다른 용도로 사용하는 것을 말합니다. 기존의 아이디어나 제품을 본래 의도한 용도가 아닌 다른 용도로 사용할 방법을 모색하는 것이죠. 특정 제품을 다른 산업이나 시장에 적용하거나, 기존 기술을 새로운 문제를 해결하는 데 활용합니다. 건축비나 시간을 절감하고 공간을 효율적으로 활용하기 위해 물건을 나를 때 쓰던 컨테이너를 주택이나 오피스로 '전용'해서 사용하는 경우가 그 예입니다.

⑥ **제거**

제거는 불필요한 요소를 제거하여 문제를 단순화하거나 해결하는 방법을 말합니다. 제품의 기능 중 불필요한 부분을 제거해 더 간단하고 저렴한 제품을 만드는 방법을 고민하는 것인데요, 이어폰에서 줄을 '제거'해서 무선 이어폰을 만든 것이 이와 같은 방법이겠습니다.

⑦ 뒤집기

뒤집기는 기존의 프로세스나 순서를 반대로 하거나, 역으로 실행해 보는 것입니다. 제품의 생산 순서를 바꾸거나, 기존의 논리를 반대로 적용해 새로운 아이디어를 창출하는 방식이죠. 전통적으로 음식이 제공되던 방식을 '뒤집어', 고객이 직접 음식을 선택하고 담아가는 셀프 서비스 시스템을 도입해 효율성을 높인 맥도날드 같은 패스트푸드 프랜차이즈가 좋은 사례입니다.

스캠퍼 기법은 창의적 아이디어를 만들어 내는 방법으로 널리 알려져 있는데요, 앞서 나온 에스프레소 머신 사례는 스캠퍼 기법 중에 '대체'나 '제거' 방법을 적용한 것으로 볼 수 있습니다. 핵심만 남기고 불필요한 것을 제거한 후에 다른 요소를 더하는 저의 프레임 빌드법은 스캠퍼 기법 중 '제거'에 제일 가까운 것 같네요.

창의성의 매뉴얼?

제가 말하고자 하는 요지는 프레임 빌드법을 익히자는 게 아닙니다. 아마 이와 비슷한 방법은 다른 데서도 많이 보셨을 거예요. 그래서 스캠퍼 기법의 제거와 비교해서 설명해 드린 것이고요. 중요한 것은 창의성을 발휘하는 데 매뉴얼이 쓰일 수 있고, 실제로도 쓰이고 있다는 사실입니다.

아이디어는 '땅' 하는 소리와 함께 갑자기 떠오르는 것이 아닙니다. 다양한 창의성 기법, 창의적 문제해결 프로세스 같은 도구들을 통해 아이디어가 제안되고 발전하며, 토론과 협의를 거쳐 우리 앞에 완성된 모습으로 나타나게 되죠.

예술에서 요구되는 천재적 영감에 가까운 전통적인 개념을 창의성 1.0이라고 한다면, 현대의 창의성은 과거 뮤즈의 영감과는 다른 엔지니어적이고 비즈니스적인 창의성이라고 할 수 있습니다. 이는 주로 실생활과 업무에서 요구되는 매우 실용적인 창의성으로, 이를 창의성 2.0이라고 생각할 수 있습니다.

하지만 창의성 1.0과 2.0은 발전이나 대체 개념이 아니라 병립 개념에 더 가깝습니다. 분야가 조금 달라졌다는 것이 맞을 텐데요, 예술적 감각이 요구되는 분야에서는 여전히 창의성 1.0이 더 우세하지만, 그 밖의 일상생활에서는 보통 창의성 2.0이 더 요구됩니다. 생각해 보면 실제로 창의성이 요구되는 맥락 자체가 매우 비즈니스적이거나 효율 지향적인 상황인 경우가 많아요.

앞서 과거와 현재를 비교하며 창의성의 변천을 이야기했는데요, 창의성 1.0과 2.0의 차이 중 가장 눈에 띄는 특징은 창의성 1.0은 신의 영감을 받았든 타고난 천재이든, 특출난 개인이 존재해야 한다는 것입니다. 어떻게 그런 생각을 떠올렸는지 설명할 수 없는 경우도 있지만, 어쨌든 그 개인은 세상에 없던 것을 만들어 냅니다. 이런 개인이 전제되지 않으면 창의성 1.0은 발휘되지 않는다고 보는 거죠. 그래서 자신의 재능에 한계를 느낀 예술가들은 술이나 약에서 도피처를 찾기도 했습니다.

하지만 창의성 2.0은 창의성을 누구에게나 있는 특성이며 정도의 차이만 있을 뿐, 계발 여부에 따라 달리 나타난다고 전제합니다. 창의성에 한계를 느끼더라도 의식적으로 노력하고, 같이 모여서 다른 사람의 지혜를 빌리기도 하는 등 얼마든지 발전시킬 여지가 있다고 보는 거죠.

무엇보다 누구에게나 창의성의 가능성을 요구하려면, 창의성을 발휘하는 방법에 대한 매뉴얼이 어느 정도 마련되어 있이야 합니다. '영혼의 소리를 들어보세요'와 같은 직관적인 방법은 창의성의 대중화를 포기한다는 말과 같습니다. 창의성에 대한 객관적인 기준까지는 아니더라도, 적어도 방법론은 정리되어 있어야 한다는 거죠. 그래야 이런

AI 시대 창의적 인간

방식으로 접근하면 그것이 창의적 방법이라고 교육할 수 있고, 그런 교육을 통해 발전이 이루어지니까요.

현대적 창의성은 창의성을 발휘하는 방법이 프로세스로 구축되어 있고, 정답은 아닐지라도 그 방법론이 매뉴얼로 정리되어 있어야 합니다. '특출난 소수의 사람만 도달할 수 있는 창의성'이라는 전통적인 개념은 현대사회에서는 유용성이 떨어집니다.

그래서인지 창의성이라는 것이 학문적인 연구 대상으로 떠오른 지는 70여 년밖에 안 되었지만, 창의성 기법에 관한 연구들은 어느 정도 진행되었죠. 주로 광고, 마케팅, 발명과 같은 실용적인 분야에서 사용하던 프로세스들이 먼저 체계화되었고, 이후 이를 학문적으로 연구하기 시작했습니다. 그렇다면 지금까지 현대적으로 정리된 창의성 개발 방법과 접근 방법에는 어떤 것들이 있는지 궁금하지 않을 수가 없는데요, 'AI 시대에 필요한 새로운 창의성'을 논하기에 앞서 먼저 이 부분을 정리해 보는 것이 필요할 것 같네요.

관점 전환과 역발상
: 같은 것을 다르게 바라보기

관점을 바꿔본다는 것

"해 아래 새 것이 없다"는 말이 있습니다. 어쩌면 이 말이 창의성의 본질을 가장 잘 표현하는 말일지도 모릅니다. '새 것'이 아니라 '새로워 보이는 것'이 있을 뿐입니다. 다시 말해서, 이미 존재하는 대상을 어떻게 보느냐에 따라서 새로워 보일 수 있다는 것이죠. 그래서 창의성을 관통하는 방법론적인 키워드를 '관점 전환'이라고 해도 어느 정도 수긍이 갑니다.

따지고 보면, 현대적 개념의 창의성과 조금은 다르다고 여겨지는 예술에서의 창의성도 관점 전환인 경우가 많습니다. 자신의 감정에 빠져 느끼는 대로 표현하는 예술가도 있지만, 이성적으로 사고한 콘셉트를 가지고 표현에 나서는 예술가도 많습니다. 사진기의 발명 이후 현실 묘사에 대한 경쟁을 포기하고, 눈에 보이는 대로 그리던 방식에서 벗어나 마음으로 보이는 풍경을 그리기 시작한 인상주의를 그 예로 들 수 있습니다. 인상주의는 미술에 대한 관점 전환, 전제 전환을 한 것입니다. 그 이후로 현대미술은 감정이나 느낌이 아닌, 생각이나 콘셉트를 표현하는 방식으로 변화해 왔거든요. 물론 모든 예술가들이 똑같은 방향으로 변화한 것은 아니지만, 다양한 시도를 통해 다양한 층위가 존재한다는 거죠. 이 경우에도 핵심은 관점 전환, 전제 전환입니다.

다음은 한때 인터넷에서 화제가 되었던 문제로, 제가 tvN의 예능 〈문제적 남자〉의 전문가 출연진이자 문제 출제위원으로 활동했을 때, 출연진들에게 출제했던 문제이기도 합니다. 카드를 한 장만 움직여서 다음의 공식을 완성할 수 있을까요? 단, 등호 카드를 없애는 식으로 특정 카드를 무효화하는 것은 허용되지 않습니다.

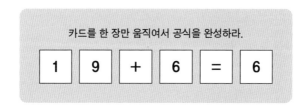

카드를 한 장만 움직여서 공식을 완성하라.

| 1 | 9 | + | 6 | = | 6 |

이 문제가 처음 나왔을 때 출연진 중 한 분이 카이스트 수학과 박사 출신이어서 손쉽게 문제를 풀 것이라고 기대를 모았습니다. 하지만 결국 못 풀었고, 제작진이 힌트를 제공한 후에야 문제를 풀 수 있었습니다. 그런데 여기서 수학과 박사도 풀지 못했다는 사실은 하나의 힌트가 되는데요, 아무리 숫자나 기호 카드를 옮기고 재배치해도 일반적인 방법으로는 이 문제를 풀 수 없다는 뜻이 되거든요.

이 문제를 풀려면 관점 전환이 필요합니다. 정확하게는 '전제의 전환'이라고 할 수 있죠. 이런 문제가 나오면 아무런 제한을 두지 않았는데도, 자신도 모르게 제한 사항 안에서 카드를 움직이게 됩니다. 색다른 방식으로 카드를 움직여도 된다는 것을 알지 못하기 때문에 아예 상상을 못 하는 거예요.

이 문제를 풀려면 두 가지 전제의 전환이 필요한데, 하나는 카드를 겹칠 수 있다는 것입니다. 카드를 겹치면 안 된다고 이야기한 적이 없는데, 대다수가 무의식적으로 이런 방법은 불가능하다고 생각합니다. 또 하나 필요한 전제의 전환은 카드를 움직일 때 45도 회전해서 움직일 수도 있다는 것입니다. 금지하지 않았으니까요.

자, 이제 카드를 겹칠 수 있고 45도 회전도 가능하다는 것을 알고 다시 문제를 보면 해답이 보일 겁니다. 해답은 다음과 같습니다.

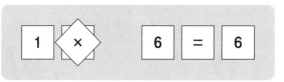

해답을 보고 '이게 뭐냐?'고 화를 내는 분도 있고, '아차!' 하면서 재미있어하는 분도 있을 거예요. 후자라면 전제에 대한 폭이 넓어서 나중에도 관점이나 전제를 넓혀갈 수 있는 분이고, 전자라면 창의성과 담을 쌓은 분이라고 봐도 무방합니다.

이 문제를 풀었던 수학과 박사님은 비록 이 문제에서는 정답을 맞히지 못했지만, 이런 식으로 카드를 움직일 수 있다는 사실을 알게 된 후, 즉 새로운 관점과 전제를 익힌 이후에는 이와 유사한 문제를 틀려본 적이 없다고 합니다.

창의성의 핵심은 '관점 전환'입니다. 관점 전환이란 한 가지 사건이나 사물을 다른 관점에서 바라보는 것을 의미합니다. 관점은 어떤 것을 보는 시점이잖아요. 다시 말하면, 보는 시점 자체를 바꾼다는 뜻입니다. 그런데 시점을 바꾼다는 것은 약간 옆으로 비켜서 보는 정도를 의미하지 않아요. 예를 들어, 아이가 그네 타는 모습을 45도 옆에서 바라본다고 해서 이를 신선한 관점이라고 하기는 어렵습니다. 사실상 같은 시점에서 바라보는 것과 크게 다르지 않으니까요. 조금 더 신선한 모습을 찾으려면 완전히 다른 시점으로 바뀌어야 합니다. 새가 되

| 아이가 그네를 타는 모습을 정면으로 본 것과 45도 옆에서 본 것

어서 위에서 내려다본 모습, 개미가 되어서 아래에서 올려다본 모습, 아이의 주머니 속에 있는 과자가 되어서 주머니 속에서 아이를 바라보는 모습 등 완전히 다른 장소와 입장이 되어야 진정한 관점 전환이 이루어집니다.

| 버드 아이샷으로 바라 본 모습

결국, 창의적인 사람들은 어떤 사건, 상품, 상황에서 다른 측면을 볼 수 있는 새로운 관점을 가진 사람들이라 할 수 있습니다. 이런 능력을 자연스럽게 발휘하는 사람들도 있지만, 그렇지 않은 사람이라도 다양한 정보와 매체를 통해 관점을 넓힐 기회는 얼마든지 있습니다. 다만, 새로운 관점이 낯설다 보니 기본적으로 거부감을 느끼는 분이 있고 즐겁게 받아들이는 분이 있는데, 이는 어느 것이 옳고 그르다고 할 수는 없는 문제입니다. 그렇지만 새로운 시점에 열려있는 사람들이 아무래도 창의적 결과를 도출할 기회가 더 많을 수밖에 없죠. 따라서 창의성이 필요한 분야에 종사하거나 창의성을 발휘해야 하는 상황에 놓인 분들이라면, 다양한 경험과 정보를 접하고 익힐 필요가 있습니다.

관점 전환의 방법론: 브레인스토밍

잘 알려진 관점 전환 기술로는 '브레인스토밍Brainstorming'과 '6 씽킹 햇 6 Thinking Hats'이라고도 불리는 '여섯 모자 기법'이 있습니다. 브레인스토밍은 전제 제한 없는 무 프레임의 아이디어 도출방법이고요, 여섯 모자 기법은 의식적으로 다른 관점에서 생각해 보는 관점 전환 방법이에요.

브레인스토밍은 창의적인 아이디어를 자유롭게 떠올리고, 이 아이디어들을 발전시키는 과정입니다. 규칙이 없고, 누구나 자유롭게 생각을 표현할 수 있다는 점에서 매우 재미있고 활기찬 활동이죠. '브레인스토밍'은 해석하면 '두뇌 폭풍'이잖아요. 말 그대로 머릿속에 떠오르는 아이디어를 폭풍처럼 쏟아낸다고 해서 브레인스토밍이라는 이름이 붙은 건데요, 조금 더 의역하자면 '아무 말 대잔치'에 가깝다고 할 수 있습니다.

그야말로 모든 아이디어를 환영하거든요. 다른 사람의 아이디어를 비판하거나 평가하지 않는 것이 브레인스토밍 규칙 중 하나입니다. 자신의 아이디어가 평가받게 되면 내부 검열이 생겨서 자유롭게 의견을 표현하기 어려워지거든요. 물론 그렇게 삼킨 말 중 대부분은 안하느니만 못할 수도 있지만, 가끔 정말 창의적인 아이디어가 숨어 있기도 하거든요. 바로 그런 기발한 생각을 건지기 위해 수많은 아이디어 토론이 필요한 겁니다.

그런데 브레인스토밍은 의미 없는 이야기들을 나열하다가 시간의 블랙홀에 빠지게 되는 단점이 있기도 합니다. 그래서 최근에는 제한 시간을 두고 몇 개의 아이디어를 내거나, 아이디어를 낼 때마다 포인트를 주어 팀 간의 경쟁을 유도하는 방법이 보완책으로 등장하기도 했습니다. 그리고 각각의 아이디어를 그림이나 간단한 스케치로 표현해 보는 방법도 있는데요, 이렇게 하면 참가자들은 좀 더 자유롭고 즐

AI 시대 창의적 인간

거운 분위기 속에서 창의력을 발휘할 수 있습니다.

기술적인 방법으로 단점을 보완하거나 장점을 강화하면서 브레인스토밍이 쓰이고 있는 것이죠. 브레인스토밍은 새로운 관점이나 사고의 프레임을 제시하지는 않지만, 프레임이라는 틀 자체를 의식하지 않고 자유롭게 의견을 나누도록 유도함으로써 기존의 프레임을 뛰어넘는 생각을 끌어내는 방법입니다. 물론 가이드라인이 없다 보니 비효율적이고 비생산적인 경우도 종종 있지만, 제한된 사고에서 벗어나 자유로운 생각을 연습하기에는 좋은 방법입니다.

관점 전환의 방법론: 여섯 모자 기법

'여섯 모자 기법'은 말 그대로 여섯 가지 관점에서 생각해 보는 기법입니다. 영국의 심리학자이자 창의적 사고 전문가인 에드워드 드 보노 Edward de Bono가 개발한 창의적 사고법인데요, 이 기법은 문제 해결이나 의사결정을 할 때 한 가지 사고방식에만 의존하지 않고, 다양한 관점을 통해 문제를 다각도로 분석하고 해결책을 도출하는 데 사용됩니다. 사람들은 보통 어떤 생각을 할 때, 먼저 생각이 직관적으로 형성되고 나서 이를 뒷받침하는 논리를 가져다 붙이는 경향이 있습니다.

여섯 모자 기법은 결론이나 사고방식을 미리 정해 놓고, 이에 맞춰 자신의 논리와 관점을 가져다 붙이는 것입니다. 대신 이 결론은 고정되지 않고 필요에 따라 바뀝니다. 어차피 자신의 생각이 아닌 자신이 '해야 하는' 생각이다 보니, 얼마든지 바꿀 수 있는 거죠.

이 기법은 생각의 방향이나 태도를 각기 다른 색깔의 모자로 표시합니다. 그리고 시간이 어느 정도 지나면 모자를 바꿔서 다른 관점에서 문제에 접근합니다. 각 모자는 색깔별로 다른 의미를 지니는데요, 먼저 흰색 모자White Hat는 객관적인 정보와 사실에 초점을 맞춥니다. 이 모자를 쓸 때는 현재 가지고 있는 데이터, 자료, 사실들을 중립적으로 분석하고, 추가로 필요한 정보는 무엇인지 탐색합니다. '우리가 알고 있는 사실은 무엇인가?', '추가로 어떤 정보가 필요한가?'와 같이 객관적인 정보 파악을 우선시합니다.

빨간색 모자Red Hat는 감정, 직관, 본능적인 반응에 초점을 맞춥니다. 감정적인 반응이나 직관적인 느낌을 솔직하게 표현하고, 그 감정이 의사결정에 어떻게 영향을 미치는지 고려합니다. '이 문제에 대해 직관적으로 어떤 감정이 드는가?', '이 상황에서 나의 감정적 반응은 무엇인가?'와 같은 질문을 통해 문제에 접근합니다.

검은색 모자Black Hat는 신중하고 비판적인 사고를 강조합니다. 부정적인 사고라고 봐도 무방합니다. 잠재적인 위험, 단점, 문제점을 찾고, 제안된 아이디어나 계획의 약점을 분석합니다. 검은색 모자는 최악의

| 여섯 모자 기법으로 회의하는 직장인의 모습

시나리오를 고려하여 실수를 피하는 데 도움을 줍니다. '이 아이디어의 잠재적 위험은 무엇인가?', '이 계획의 약점은 무엇인가?'와 같이 부정적인 관점에서 생각해 보는 거죠.

노란색 모자Yellow Hat는 긍정적이고 낙관적인 사고를 유도합니다. 제안된 아이디어의 장점, 이점, 긍정적인 결과를 우선시하는 것으로 검은색 모자와는 반대 방향의 사고죠. 기회와 성공 가능성의 관점에서 의견을 내며, 제안된 아이디어의 실행 가능성을 고려합니다. '이 아이디어의 장점은 무엇인가?', '이 계획이 성공할 가능성은 무엇인가?'와 같이 긍정적인 관점에서 문제에 접근하는 방식이에요.

초록색 모자Green Hat는 창의성과 혁신을 상징합니다. 초록색 모자를 쓰면 가능한 한 자유롭게 생각해야 합니다. 새로운 아이디어, 대안적인 해결책, 독창적인 접근 방식을 우선적으로 제시하고, 이왕이면 기존의 틀에서 벗어난 의견을 내야 합니다. 어차피 정상적인 의견은 다른 모자를 쓴 사람이 내니까, 초록색 모자를 쓴 사람은 파격적인 의견을 제안하는 역할을 하는 거죠. '이 문제에 대한 새로운 접근 방식은 무엇인가?', '어떤 혁신적인 아이디어가 가능한가?'와 같은 태도를 취합니다.

마지막으로, 파란색 모자^{Blue Hat}는 사고 과정을 관리하고 조정하는 역할을 합니다. 회의를 진행하고, 각 사고 모자의 역할을 균형 있게 분배하며, 의견을 조율하고, 결론을 도출합니다. 즉 파란색 모자를 쓴 사람이 진행을 맡는다고 생각하면 돼요. '이 문제를 해결하기 위한 최선의 접근 방식은 무엇인가?', '다른 모자들에서 나온 결과를 어떻게 통합할 것인가?'와 같은 문제의식을 가지는 거죠.

여섯 모자 기법을 구체적으로 적용하면, 문제를 논의할 때 팀원들은 특정한 모자를 썼다고 가정하고, 그 모자가 상징하는 사고방식을 바탕으로 아이디어를 제시하게 됩니다. 그리고 어느 정도 논의가 진행된 후에는 자신이 쓴 모자의 색깔을 바꾸어서 새로운 관점에서 다시 한번 논의합니다. 가령, 한 사람이 첫 번째 라운드에서는 흰색 모자를 쓰고 객관적인 사실만 논의한 후, 두 번째 라운드에서는 빨간색 모자를 쓰고 감정적인 반응을 탐색하는 식으로요.

이렇게 각 팀원들은 6개의 모자를 순차적으로 쓰면서 문제를 다각도로 분석하게 됩니다. 시간이 부족한 경우에는 3개 정도의 모자를 써서 적어도 3가지 관점에서 생각을 전개해 보면 문제를 포괄적으로 이해할 수 있습니다. 물론 6개의 모자를 모두 써보면 더욱 좋고요. 이렇게 문제에 접근하면 한 가지 사고방식에 머물지 않고, 문제를 다양한 시각에서 바라볼 수 있게 됩니다. 그 결과, 긍정적·부정적·중립적 사고를 모두 고려하여 균형 잡힌 결정을 내릴 수 있고요. 가이드가 있고 다양한 사고를 유도한다는 점에서 브레인스토밍보다는 효과적인 방법이라고 할 수 있습니다.

관점 전환의 방법론: 역발상

역발상이라는 용어는 많이 들어보셨을 겁니다. 창의적인 대안을 생각할 때 가장 일반적으로 쓰이는 방법 중 하나가 바로 역발상입니다. 막히는 문제가 있을 때 일반적으로 "여섯 모자 기법으로 접근해 봅시다"라는 말은 잘 쓰이지 않지만, "역발상으로 접근해 봅시다."라는 말은 종종 쓰잖아요.

역발상 기법은 문제를 해결하거나 새로운 아이디어를 창출할 때 일반적인 사고방식과는 반대로 생각해 보는 기법입니다. 기존의 사고

방식이나 상식에 도전함으로써 새로운 관점에서 문제를 바라보고 독창적인 해결책을 찾을 수 있습니다. 이 방법은 '왜 이렇게 해야 하는가?' 대신 '왜 이렇게 하지 말아야 하는가?' 또는 '반대로 하면 어떻게 될까?'와 같은 질문을 던지며 시작됩니다.

사실 역발상도 관점 전환의 일종이죠. 일반적으로 옳다고 여겨지는 전제를 뒤집어 접근하는 방식이니까, 전제 전환이기도 합니다. 새로운 관점에서 문제를 해결하는 방법을 찾는 것인데요, 이러한 역발상 사례는 여러 가지가 있습니다. 일례로, 이케아는 완전히 완성된 상태에서 가구를 판매한다는 기존의 고정관념을 깨고, 고객이 직접 조립하는 가구라는 역발상을 했습니다. DIY 가구를 판매한 것이죠. 그 덕에 원가를 절감하여 좀 더 저렴한 가격에 좋은 가구를 공급할 수 있게 되었습니다. 그리고 기존의 완제품 가구는 부피가 크기 때문에 대부분 배달을 해야 하고 운송하는 데 많은 비용이 들었지만, DIY는 보통 효율적으로 박스 포장이 가능해 손님이 직접 운반할 수 있게 되면서 배달비를 아낄 수 있게 되었어요. 물류도 조금 더 효율적으로 운영할 수 있었고요. 무엇보다도 가구 조립을 취미로 즐기는 고객들에게 자신이 직접 가구를 완성했다는 희열감을 선사했죠. 이케아의 역발상은 전 세계적인 성공을 거두었고, 가구 업계의 관행을 싱딩 부분 바꿔놓았습니다.

역발상은 단순히 무조건 반대로 생각하는 개념이 아니라, 전제를 바꾸거나 문제의식을 바꾸는 식으로 작용하기도 합니다. 질문을 바꾸는 것도 역발상 중 하나죠. 스타벅스는 다음과 같은 질문을 스스로 던졌습니다. '카페를 찾는 손님들은 정말 커피를 마시려는 목적으로 오는 걸까?'

대다수의 카페 프랜차이즈는 당연히 손님들이 커피를 마시러 온다고 생각하고 커피 맛을 개선하거나 다양한 메뉴를 개발하는 데 힘을 쏟았습니다. 하지만 스타벅스는 근본적인 카페 방문 목적을 역발상으로 접근하여 '꼭 커피를 마시기 위해서만 카페를 찾는 것은 아니다'라는 결론을 내렸습니다. 실제로, 커피를 마시려는 목적 외에도 꽤 많은 사람이 편안하고 안락한 공간을 즐기기 위해 카페를 방문하고 있었습니다. 이를 바탕으로 스타벅스는 '제3의 공간Third Place'이라는 전략을 제시합니다. 이 전략은 커피를 판매하는 것 이상의 가치를 제공하는 것으로, 스타벅스의 핵심 철학 중 하나입니다.

'제3의 공간'이란 집(첫 번째 공간)과 직장(두 번째 공간) 외에 사람들이 자유롭게 모이고, 휴식을 취하며, 사회적 상호작용을 할 수 있는 장소를 의미합니다. 스타벅스는 이러한 공간을 제공함으로써 고객들이 일상에서 커피 한잔을 마시며 친구와 대화를 나누거나, 업무를 보거나, 책을 읽으며 혼자만의 시간을 보낼 수 있는 환경을 만들고자 했습니다. 즉 커피를 마시려고 스타벅스에 방문하는 것이 아니라, 친구를 만나거나 혼자만의 시간을 보내기 위해 스타벅스를 찾고, 그 과정에서 자연스레 커피나 음식을 소비하는 겁니다.

스타벅스 매장은 단순히 커피를 판매하는 곳이 아니라, 사람들을 연결하고 커뮤니티를 형성할 수 있는 장소로 설계되었습니다. 고객들은 매장에서 커피를 마시며, 동시에 지역 사회의 일원으로서 다른 사람들과 교류할 수 있습니다. 그래서 스타벅스는 NFT나 Web 3 같이 커뮤니티를 형성하는 기술에도 매우 큰 관심을 가지고 있죠.

한 가지 재미있는 사실을 알려드리면, 스타벅스는 고객에게 편안한 커뮤니티 공간을 제공하는 것이 목표이기 때문에 커피 구입을 강요하지 않아요. 손님이 커피를 주문하지 않고 매장에 앉아 있어도 직원이 와서 나가라는 말을 하지 않는 것이 매뉴얼입니다. 생각해 보면 스타벅스에서는 먹고 있는데 직원이 와서 접시를 가져가거나 고객에게 먼저 말을 거는 모습을 본 적이 거의 없으실 겁니다. 손님에게 최대한 부담을 주지 않고 편안함을 느끼게 하는 것이 브랜드의 목표이다 보니 그렇습니다.

결과적으로 스타벅스는 전 세계에서 가장 성공한 카페 브랜드가 되었습니다. 《모비딕》의 일등항해사인 스타벅(창업자가 세 명이어서 복수형이 되었죠)의 이름을 딴 이 카페가 전 세계적으로 이렇게 성공한 브랜드가 될 줄은 창업자들도 몰랐을 거예요. 초기에 마케팅 디렉터로 합류했다가 나중에는 CEO가 된 하워드 슐츠Howard Schultz가 '제3의 공간'을 고안했는데, 처음에 창업자들은 이 전략에 반대했다고 합니

┃ 스타벅스 입구 손잡이에는 '커피 하우스'가 아닌 '커뮤니티 스토어'라고 적혀 있다.

다. 카페는 커피 맛으로만 승부해야 한다고 생각했기 때문에, 생각지도 못한 역발상 전략에 수긍하지 못했던 거죠. 만약 하워드 슐츠가 정발상밖에 하지 못했던 창업자들로부터 스타벅스를 인수하지 않았더라면, 오늘날 우리가 아는 스타벅스는 없었을 가능성이 큽니다.

크게 보면 결국 관점의 재정립

지금까지 창의성을 발휘하는 방법 중 관점 전환과 역발상에 대해서 살펴보았습니다. 관점 전환의 구체적인 방법으로 브레인스토밍과 여섯 모자 기법도 알아보았죠. 정리하면, 결국 이런 방법론들은 관점의 재정립에 관한 것임을 알 수 있습니다.

기존의 관점에서 벗어나 새로운 시각에서 사물이나 사건을 바라보는 것이 이 장에서 말하는 창의성입니다. 그리고 이러한 창의성을 발휘하기 위해 다른 관점에서 바라보는 방법을 정리한 것이 이 장에서 제시한 창의성 방법론이고요. 이를 리사이트^{Re-sight}적 창의성 방법론이라고 이름 지을 수 있겠습니다.

이런 방법을 능숙하게 활용하려면 먼저 우리가 가진 기존의 관점과 생각이 무엇인지 정확히 알아야 합니다. 분석을 통해 자신의 생각을 정확히 메타인지하고, 기존의 관점을 살짝 비껴서 그동안 시도하지 않았던 새로운 관점을 찾아내는 식으로 시도하면 됩니다.

인구 3만 명이 조금 넘는 스웨덴의 작은 도시 칼스코가^{Karlskoga}에서는 눈이 오면 고속도로나 일반도로가 아닌 유치원 앞길을 제설 작업의 1순위로 선정합니다. 유치원 앞길부터 제설 작업을 마친 후에야 보행로를 치우고, 자전거 도로를 치우고, 마지막에 자동차 도로를 치웁니다. 도로부터 치우지 않으면 차도 막히고 큰 사고가 날까 봐 우려되어서 보통은 도로부터 치우는데 말이죠.

칼스코가에서 제설 작업 순서를 이렇게 잡은 것은 유치원이 아이들이 있는 곳이라는 감성적인 이유 때문이 아니에요. 실제로 눈이 내린 뒤 도로에서 난 사고를 분석한 결과, 자동차 사고보다 오토바이와 보행자 사고가 3배 정도 높게 나온 겁니다. 그리고 피해자 대부분은 여성이었고요. 통계를 분석해 보니, 출근 전 아이를 맡기는 유치원과 학교, 그리고 여성 직원이 많은 대규모 직장 주변에서 도보, 자전거, 대중교통 이용률이 두드러지면서 그에 대한 사고 건수도 높았던 것입니다.

그래서 제설 작업의 순위를 유치원, 학교 앞, 직장 도보 출퇴근 길, 자전거 도로, 자동차 도로 순으로 바꿨더니 빙판길 사고가 절반으로 줄었다고 합니다. 그에 따라 비용도 절감되어 시의 재정에도 큰 도움이 되었고요. 이러한 결과를 보고 스톡홀름시도 제설 작업 프로세스를 보도와 자전거 도로 순으로 바꿔서 효과를 보았다고 하죠.[3]

얼핏 보면 창의적인 역발상으로 문제를 해결한 사례 같지만, 사실은 객관적으로 나온 통계 결과를 그대로 반영했을 뿐이에요. 실제로 사고가 자주 나는 지점부터 제설 작업을 시작한 거죠. 눈이 오면 위험한 차도부터 치워야 한다는 고정관념이 있었기 때문에 객관적 진실이 잘 안 보였던 거예요. 선입견을 버리고 사실 관계를 정확하게 분석하는 것만으로도 창의적인 해결책을 찾는 데 큰 도움이 될 수 있음을 보여주는 사례입니다.

이렇게 기존의 관점을 명확히 이해한 후, 이 관점을 뒤집거나 다른 방향에서 다시 보는 리사이트 과정을 통해 새로운 아이디어를 도출할 수 있습니다. 그런 의미에서 리사이트는 창의성을 만들어 내는 방법론을 뛰어넘어 큰 방향성을 말하는 것이라고 할 수 있습니다.

연결하고 통합하기
: 관련 없는 것을 연관시켜
새로운 것을 도출하기

디즈니랜드가
꿈의 나라가 되기까지

몇 년 전에 플로리다에 있는 월트 디즈니 월드 리조트^{Walt Disney World} ^{Resort}에 방문한 적이 있습니다. 디즈니월드는 4개의 테마파크로 구성되어 있는데, 그중 가장 유명한 곳이 바로 신데렐라 성으로 알려진 매직 킹덤^{Magic Kingdom}입니다. 이 외에도 미래 세계를 테마로 하는 엡콧^{EPCOT}, 영화 제작과 할리우드의 매직을 체험할 수 있는 디즈니 할리우드 스튜디오^{Disney's Hollywood Studios}, 자연과 동물을 주제로 한 디즈니 애니멀 킹덤^{Disney's Animal Kingdom}이 있습니다.

방문할 때마다 느끼는 거지만, 디즈니랜드에서 근무하는 캐스터들은 굉장히 활기찹니다. 캐릭터 탈을 쓰고 디즈니 캐릭터를 연기하는 분들은 물론이고, 청소를 하는 분들도 항상 밝은 표정으로 웃으며 근무하시죠. 처음에는 흥겨운 분위기에서 일하니까 그런가 보다 했는데, 알고 보니 규칙이더라고요. 꿈의 나라에서 근무하는 만큼 늘 웃으며 즐겁게 일해야 한다는 것이죠.

디즈니랜드에서 일하는 직원들은 몇 가지 엄격한 규칙을 따라야 합니다. 우선, 게스트가 어떤 질문을 해도 모른다고 대답하면 안 됩니다. 상상력으로 무엇이든 할 수 있는 꿈의 나라에서는 모르는 것이 없어야 한다는 창업자 월트 디즈니^{Walt Disney}의 신념 때문이라고 하죠. 쓰

┃ 디즈니랜드는 아니고 디즈니랜드와 유사하게 생긴 테마파크

레기를 줍고 있던 직원에게 한 아이가 "무엇을 줍고 있냐?"고 묻자, 그 직원이 "꿈의 조각을 줍고 있다"고 한 일화는 지금도 전설로 남아 있습니다.[4]

그리고 게스트에게 길을 알려줄 때는 한 손가락만으로 가리켜서는 안 되고, 검지와 중지를 같이 펴서 두 손가락으로 가리켜야 합니다. 이것을 '디즈니 포인트Disney point'라고 합니다. 이런 포즈를 즐거하던 디즈니에게 경의를 표하기 위한 것이라는 말도 있지만, 실제 이유는 한 손가락만 사용해 손가락질하는 것이 일부 문화권에서는 무례하게 받아들여질 수 있기 때문입니다.

또한 디즈니 캐릭터를 연기하는 캐스트들은 자신의 직장이 디즈니랜드고, 특정 캐릭터를 연기한다는 사실을 SNS에 밝혀선 안 됩니다. 환상 속 캐릭터가 실제 사람으로 인식되는 순간, 대중들의 환상이 깨지기 때문이죠.[5] "어제 술집에서 미키가 데이지랑 같이 술 마시는 것을 봤어"라는 이야기가 떠돌면 안 되니까요.

같은 캐릭터가 동시에 테마파크 여러 구역에 나타나는 일도 없습니다. 사실 테마파크는 매우 넓기 때문에 A구역과 B구역에서 도널드 덕이 동시에 등장해도 사람들은 잘 모르겠지만, 이 규칙은 테마파크를 실제의 나라로 여긴 디즈니의 신념에서 비롯되었습니다. 실존하는 인물이 동시에 두 곳에서 출몰할 수는 없으니까요. 그래서 A구역과 B구역에서 도널드 덕을 연기하는 캐스트는 각각 다르더라도, 동시에 테마파크에 나가지 않고 시간을 맞춰서 한 사람씩 교대로 등장합니다.

이런 복잡한 규칙들은 대부분 월트 디즈니의 애착에서 비롯되었습니다. 월트 디즈니는 단순히 놀이공원을 만든 게 아닙니다. '꿈의 나라'를 만들었죠. 월트가 처음 테마파크를 떠올린 순간은 딸들과 함께 그리피스^{Griffith} 공원에 놀러 가서 회전목마를 탈 때였습니다. 어른들에게는 놀이공원이 너무 무료하다는 생각이 들었고, 가족이 모두 함께 즐길 수 있는 놀이공원이 필요하다고 느낀 것이죠.

그 후 월트는 '세상에 없던 새로운 놀이공원'이라는 미션을 세우고, 창의적으로 자신만의 놀이공원을 구상하기 시작했습니다. 그러면서 기존의 놀이공원에 자신이 만든 캐릭터들을 연결시켰습니다. 그렇게 자신이 일군 애니메이션 세상을 놀이공원과 연결하자 테마파크라는 세상에 없던 공간이 탄생한 것이죠. 지금이야 테마파크라는 개념을 누구나 다 알지만, 월트가 디즈니랜드를 만들기 전까지만 해도 놀이공원은 회전목마나 대관람차 같은 것을 줄 서서 타는, 단순히 놀이 기구를 모아 놓은 전시장과 다름없었습니다. 꿈의 나라라는 개념은 존재하지 않았죠.

이 연결을 통해 탄생한 것은 단순히 만화가 그려져 있는 놀이기구가 아니라, 꿈과 환상이 구현된 꿈의 나라였습니다. 이 꿈은 아이들뿐만 아니라 어른들도 함께 공유할 수 있었고, 그 결과 디즈니랜드는 모든 연령대가 방문하고 싶어 하는 워너비 공간으로 자리 잡았습니다.[6]

사실 월트 디즈니가 놀이공원에 연결시킨 것은 단순히 캐릭터가 아니라 그의 비전과 디즈니 세상을 관통하는 세계관이기도 했습니다. 그래서 디즈니랜드는 과거, 환상, 미래를 경험할 수 있는 완전히 새로운 개념의 테마파크가 될 수 있었던 것이죠. 앞서 소개한 디즈니 테마파크 근무자들의 수칙도 이러한 디즈니 애니메이션의 세계관을 놀이공원에 연결하면서 생겨난 독특한 규칙인 거예요.

점들을 연결하기

창의성을 만들어 내는 하나의 큰 방향성은 '연결'입니다. 두 개의 개념 또는 키워드를 연결하거나, 여러 가지 요소를 연결해서 새로운 인사이트를 얻을 수 있습니다. 사실 창의성이 필요한 분야에서 '연결'은 거의 만능열쇠처럼 취급되곤 합니다. 아마 창의성의 유일한 비밀은 '연결'이라고 강조한 글이나 영상을 여기저기서 많이 보셨을 거예요. 꼭 연결만이 창의성을 추동하는 연료는 아니지만, 그중 연결이 창의성을 발휘하는 데 가장 효과적인 방법 중 하나라고 할 수 있습니다.

그리고 연결은 '창발성Emergent'의 기폭제이기도 합니다. 창발성은 "하위 체계로부터 생겨나지만, 그 하위 체계로 환원되지 않는 속성"[7]을 뜻하는데, 이는 너무 사전적인 정의라서 무슨 말인지 이해하기 어려울 수 있습니다. 좀 더 쉽게 설명하자면, 서로 다른 요소들이 만나 연결될 때 각 요소가 가진 원래 속성 외에 다른 속성이 갑자기 나타나는 것을 의미합니다. 예를 들어, 개미 한 마리는 그저 개미 개체로서의 생물학적 속성만을 갖지만, 이 개미들이 모여서 군락을 이루면 집 짓기, 먹이 나르기 같은 집단적 복잡성이 나타나죠. 인간 사회의 예로는 금융 시장을 들 수 있는데요, 개별 투자자들은 오로지 하나의 목적으로 거래를 합니다. 바로 이익 추구죠. 그런데 이 사람들이 모여서 시장이라는 구조가 형성되면 주가의 급등락, 버블, 금융 위기 같은 복잡하고 다양한 움직임이 나타납니다. 개인들의 개별 행동이 모여 만들어진 예측 불가능한 창발적 결과인 거죠. 이처럼 여러 요소를 연결했을 때 나오는 새로운 의미나 창의적 결과물을 '창발성'이라고 합니다.

창의성이 연결이라고 말한 사람 중에 가장 유명한 인물은 스티브 잡스Steve Jobs입니다. 그는 "창의성은 단지 사물을 연결하는 것Creativity is just connecting things"이라는 말을 남겼는데, 이는 이러한 창의성 개념을 통해 만들어진 스마트폰을 쉽게 이해하게 해줍니다. 세상에 없던 완전히 새로운 제품을 만들어 낸 것이 아니라, 휴대전화, 사진기, 인터넷 디바이스, 음악 플레이어 등 기존에 있던 것들을 연결해서 새로워 보이는 제품을 만들어 낸 것이죠. 심지어 '스마트폰'이라는 용어조차 스티브 잡스의 아이디어가 아닌, 이미 존재하던 용어를 재사용한 거예요.

2000년 11월 스웨덴의 핸드폰 제조업체인 에릭슨은 미국에서 열린 컴덱스 전시회에 특이한 핸드폰을 하나 출품했습니다. 관람객들은 이 기기를 '포크 겸용 스푼'이라는 의미로 '스포크spork'라는 별칭으로 불렀습니다. PDAPersonal Digital Assistant와 핸드폰이 동시에 구현된 이 기기의 특징을 잘 나타낸 호칭이었죠. 이 기기의 정식 명칭이 바로 '에릭슨 R380Ericsson R380 월드 스마트폰'입니다.[8]

사실, 호칭과 별개로 스마트폰이라는 개념을 적용할 만한 휴대폰은 그전에도 이미 존재했습니다. 1993년 IBM이 라스베이거스의 컴덱스 박람회에서 선보인 휴대폰은 크기는 좀 컸지만 터치스크린 기능을 장착했고, 통화와 메시지는 물론 이메일, 팩스, 계산기, 메모장, 게임기 등의 기능을 가지고 있었습니다. 이 기기의 이름은 'IBM 사이먼 퍼스널 커뮤니케이터IBM Simon Personal Communicator'였어요.[9]

❙ IBM의 사이먼[10]　　　❙ 에릭슨 R380 월드 스마트폰[11]

그러니까 스티브 잡스가 어느 날 갑자기 가지고 등장한 줄 알았던 스마트폰은 이미 그 전부터 어느 정도 형태가 갖추어진 개념이었던 겁니다. 물론 창고에서 찾아내어 먼지를 턴 다음에 새롭게 재해석하고 재포장해서 상업적인 성공을 거둘 수 있게 만든 것은 스티브 잡스이지만, 그의 창의성은 이미 존재하는 것들을 연결한 것이지, 무無에서 유有를 창조한 것은 아니었습니다. 스티브 잡스는 이를 한마디로 "커넥팅 더 닷츠Connecting the dots"이라고 표현했습니다. 즉 점들을 연결하는 작업이 창의성이라는 의미입니다. 여기서 점은 경험, 아이디어, 지식 등을 의미하며, 이를 서로 연결하여 새로운 의미를 만들고 인사이트를 부여하는 과정이 바로 창의성과 혁신의 원동력이 된다는 것이죠.

시네틱스

창의성 생성 방법인 '연결하기'는 두 개 이상의 개념이나 단어를 연결하는 기계적인 과정이다 보니, 이를 매뉴얼화하고 연습하기 좋다는 장점이 있습니다. 특히 창의성 개발을 위한 방법론 중 하나인 시네틱스Synectics 기법은 아예 연결하기를 핵심 기술로 제시합니다. 시네틱스라는 이름 자체가 '결합'을 뜻하는 그리스어 '신syn'과 '다른 것들' 또는 '다양한 것들'을 의미하는 '엑토스ectos'의 조합으로, '서로 다른 것들을 연결하다' 또는 '다양한 것들을 합치다'라는 의미를 담고 있습니다.

이 방법론은 1961년 윌리엄 J. 고든^{William J. Gordon}과 그의 동료들이 개발했는데요, 고든이 천재나 대발명가들을 대상으로 심리 연구를 실시한 결과, 이들이 발명 과정에서 대부분 '유추^{analogy} 사고'를 한다는 공통점을 발견했습니다('Analogy'는 '비유'로도 번역되므로 비유법이라고 해도 되지만, 논리적으로 따졌을 때 비유보다는 유추라고 하는 것이 조금 더 적합한 해석입니다). 유추는 '유비추리'의 준말인데요, "그 상황에서 한번 유추해 봐."라는 식으로 일상에서도 꽤 자주 쓰는 말 중 하나죠. 두 개 이상의 대상이나 상황 사이에 존재하는 유사성에 기초하여, 한 대상에 대한 정보를 바탕으로 다른 대상에 대한 결론을 끌어내는 추론 방식을 말합니다.

예를 들어, "지구에는 물과 공기가 있어서 생명체가 존재했다. 화성에서도 과거에 물과 공기가 있었던 흔적이 발견되었다. 그러므로 화성에도 생명체가 있었을 수 있다."와 같은 추론이 유비 추론입니다. 지구라는 대상을 통해 얻은 정보를 바탕으로 이 대상과 유사성을 가진 또 하나의 대상인 화성에 대해 추론하는 것이죠.

유추는 기본적으로 두 가지 이상의 서로 다른 비교 대상이 있어야 합니다. 서로 관련이 명백한 것 사이에서는 공통점을 찾기 꽤 쉽지만, 전혀 관련이 없어 보이는 대상들 간의 공통점을 찾아내는 것은 노력과 아이디어를 요하는 일이죠. 바로 이런 이질적인 결합 사이에서 특

AI 시대 창의적 인간

이하고 재미있는 발상이 이루어질 수 있습니다.

유추에는 크게 4가지 방법이 있습니다. 바로 직접적 유추^{Direct} ^{Analogy}, 개인적 유추^{Personal Analogy}, 상징적 유추^{Symbolic Analogy}, 환상적 유 추^{Fantasy Analogy}입니다.

1. 직접적 유추

직접적 유추는 자연, 기술, 과학 등 다른 분야에서 발생하는 현상이나 메커니즘을 문제 해결에 적용하는 방법입니다. 이를 통해 기존에 효과적으로 작동하는 시스템이나 구조에서 아이디어를 차용하여 새로운 문제를 해결할 수 있습니다. 예를 들어, 제트 엔진 설계 시 공기의 흐름을 효율적으로 관리하기 위해 자연에서 발견된 고래의 유선형 몸체를 연결해 생각하는 것이죠. 고래의 몸체는 물속에서 저항을 최소화하면서 빠르게 이동할 수 있도록 진화했잖아요. 이 원리를 제트 엔진의 공기역학적 설계에 그대로 연결합니다.

2. 의인적 유추

의인적 유추는 문제를 해결하기 위해 자신이 문제 속의 요소가 된다고 상상하는 기법입니다. 이 방식은 사용자가 문제의 일부가 되어 문제를 보다 깊이 이해하고 새로운 관점을 도출하는 데 도움을 줍니다. 예를 들어 환자가 되었다고 상상해 보고, 병원 시스템을 어떻게 개선할지 떠올려 보는 거죠. '내가 환자라면 어떤 경험을 할까?', '어떤 점이 불편하고 개선이 필요할까?'라는 질문을 통해 환자의 관점에서 병원 시스템을 분석해 봅니다. 사람으로 빙의하지 않고 아예 다른 사물로도 빙의해 볼 수 있습니다. 가령, 교통 체증 문제를 해결하려는 도시 계획자는 자신이 자동차가 되어 복잡한 도로망을 이동한다고 상상해 볼 수 있습니다. 이때 '내가 자동차라면 어떤 경로를 선택할까?', '어떤 요소들이 나를 멈추게 할까?'와 같은 질문을 던지며 차량이 겪는 문제를 직접 경험하고 해결 방안을 모색할 수 있습니다.

3. 상징적 유추

상징적 유추는 감정적이고 상징적인 표현을 사용하여 문제에 접근하는 방법입니다. 이 기법은 문제를 보다 추상적으로 바라보고, 새로운 통찰을 얻는 데 유용합니다. 상징적인 표현은 자칫 모호하고 추상적일 수도 있지만, 대상의 본질을 묘사하기 때문에 본질을 드러내는 데 적합할 수 있습니다. 예를 들어, 분노를 불로 상징화하여 '분노는 불과 같다. 작을 때는 통제할 수 있지만, 커지면 파괴적이다.'라는 식으로 생각해 볼 수 있습니다. 그렇다면 분노 역시 너무 커지기 전에 조절하는 방법이 필요할 겁니다. 불을 지피는 것은 산소잖아요. 조그만 불은 모포를 덮어 산소를 없애는 방법으로 끌 수 있습니다. 그러니까 분노 역시 산소가 될 만한 외부 자극이나 말들을 피하는 방법으로 조절할 수 있습니다. 이런 식으로 상징적 유추를 통해 감정을 관리하는 방법을 찾아내는 것이죠.

4. 환상적 유추

환상적 유추는 현실에서는 불가능하거나 비현실적인 상황을 상상하여 문제를 해결하는 방법입니다. 이 기법은 자유로운 상상을 통해 혁신적이고 창의적인 아이디어를 도출하는 데 효과적입니다. 예를 들어, 보안 문제를 해결해야 할 때 '투명 인간이 침입한다면?'이라는 환상적 유추를 사용해 보는 거죠. 그러면 비전 기술이 무력화될 경우 사용할 수 있는 열 감지 기술 같은 것을 보조적으로 적용해 볼 수 있습니다.

시네틱스의 4단계 프로세스

시네틱스는 주로 창의적 문제해결법으로 활용되며, 크게 4단계로 이루어집니다. 첫 번째 단계는 일단 문제를 정의하는 것으로 시작합니다. 해결해야 할 문제를 명확하게 정의해야 하지만, 너무 구체적으로 정의하면 유추하기 힘들 수 있어요. 그래서 어느 정도 유연하게 접근해야 합니다.

두 번째 단계는 유추를 해보는 것인데요, 앞서 설명한 4가지 유추 방법을 활용합니다. 각 기법은 독립적으로 사용될 수 있지만, 때로는 함께 사용하여 더 풍부한 아이디어를 창출할 수 있습니다. 이렇게 다양한 유추를 하면서 새로운 시각을 모색하고, 이 단계에서 나온 아이디어를 나열합니다.

세 번째 단계에서는 이렇게 나온 다양한 아이디어를 결합하거나 변형하여 새로운 시각을 모색합니다. 물론 처음에 나온 아이디어가 괜찮으면 그대로 사용해도 되지만, 보통 원형 아이디어는 이미 존재하는 평범한 아이디어일 가능성이 큽니다. 따라서 이 아이디어를 통합해서 새로운 아이디어로 발전시키는 것이 좋습니다.

마지막 네 번째 단계에서는 평가 및 실행 계획을 수립합니다. 시네틱스는 단순한 아이디어 발상법이 아니라 창의적 문제해결법이므로 실제 문제 해결에 이르는 것이 목적입니다. 따라서 실행이 매우 중요합니다. 또한 실제로 실행하는 과정에서 예상하지 못한 새로운 문제가 발생할 수 있기 때문에 반드시 피드백을 거쳐 보완해야 합니다.

이렇게 4단계의 시네틱스를 적용하여 연결을 창의적인 문제해결법으로 사용할 수 있습니다. 서로 다르고 관련 없어 보이는 요소들을 결합하여 새로운 아이디어나 해결책을 만들어 내는 기술적인 방법이죠.

노는 것처럼 보이는데
일 잘하는 사람들의 비밀

창의적인 천재들의 행동 패턴을 연구해서 그 비결을 밝힌 애덤 그랜트Adam M. Grant의 저서 《오리지널스》에서는 천재들의 행동 패턴 중 하나로 '게으름'을 언급합니다. 겉으로 보기에는 게임만 하고 놀고 있는 것처럼 보이던 친구가 과제를 완벽하게 해내고, 어느 날 창의적인 회사를 설립하는 모습을 보고 깜짝 놀랐다는 일화가 나오죠.

그래서 애덤은 한 가지 실험을 합니다. 창업 아이디어를 내도록 한 다음, 한 그룹은 그 이야기를 듣자마자 계획을 세우게 하고, 또 다른 그룹은 그 이야기를 듣고 한동안 게임을 한 후 마감 시간이 가까워졌을 무렵 계획을 세우게 했습니다. 그 결과, 즉시 계획을 세운 그룹의 사람들은 그다지 독창적이지 않은 전형적인 계획안을 세우는 경우가 많았고, 게임을 하며 빈둥거리는 시간을 보낸 그룹에서는 조금 더 독창적인 아이디어를 내는 경향이 있었다고 합니다.[12] 말하자면 게임을 하는 동안 빈둥거리며 여러 가지 생각을 할 여유를 가지게 되는 겁니다. 그다음 이 아이디어들을 종이에 옮겨 적으면서 자신이 하던 생각들을 통합하게 됩니다. 즉시 아이디어를 짤 때는 생각난 아이디어를 논리에 맞춰 차례대로 이어 붙이는 것과 달리, 가지고 있던 생각을 한꺼번에 풀어내면 아이디어들이 서로 연결되면서 통합되는 효과가 나

ı 암벽타기를 하다가 아이디어가 생각난 직장인

는 것이죠.

　창의적인 사람들을 보면 게임이나 만화책 보기 같은 취미를 가진 경우가 종종 있습니다. 그리고 꼭 천재가 아니더라도, 주말에 취미활동을 즐기고 온 직장인이 그다음 주에 막혔던 일이 잘 풀리는 경우가 있잖아요. 사실 주말에 암벽등반을 하고 오면 신체적으로는 더 힘들지만, 암벽을 타면서 지난주에는 풀리지 않았던 과제를 해결할 수 있는 좋은 아이디어가 나올 수 있습니다. 취미 활동이나 휴식 중에 떠오른 생각의 토막들이 통합되고 정리되면서 아이디어가 되기 때문인데요, 이런 모습을 외부에서 보면, 게으르고 놀기만 하는데 일은 기가 막히게 잘하는 것처럼 보이는 것이죠.

새로운 요리가 탄생하듯

연결과 통합은 창의성을 추동하는 기계적인 방법입니다. 그래서인지 창의성에 관한 책이나 강연을 보면 유독 연결에 대한 이야기가 많고, 창의성 워크숍에서도 관련 없어 보이는 두 단어를 연결해 보는 연습이 많습니다.

이러한 과정은 요리에도 비유할 수 있습니다. 고유한 맛을 가진 각 원재료들이 합해져서 새로운 맛을 내는 것이 요리잖아요. 그런 면에서 볼 때, 창의성은 마치 요리사가 다양한 재료를 조합해 새로운 요리를 만드는 과정과 비슷합니다.

우선, 다양한 경험과 지식을 재료로 수집합니다. 그다음 재료 손질의 과정이 있습니다. 수집한 정보를 이해하고 분석하여 자신만의 해석을 덧붙이는 작업이죠. 그런 후에 맛있는 조합을 만들어 냅니다. 떡볶이집이 100곳이어도 그 100곳의 맛은 다 다르잖아요. 심지어 재료와 레시피가 통일된 프랜차이즈도 미묘한 차이가 나는 경우가 있고요. 재료의 조합뿐 아니라 조리 온도, 물의 양, 요리사의 솜씨 등 다양한 요소들의 조합이 각기 다른 맛을 만들어 내기 때문입니다. 여기서 요리사만의 독창적인 레시피가 조합과 통합에 해당할 텐데요, 바로 이 부분이 창의성이 되어 최종 요리가 완성되는 것이죠. 같은 정보, 같은 상황, 같은 조건에서도 어떤 사람은 남들과는 다른 창의적인 결과물을 만들어 내는데, 이는 연결하고 조합하는 단계에 달려 있습니다.

창의성의 핵심 중 하나는 우리 주변의 모든 것을 연결하고 통합하는 능력입니다. 마치 퍼즐 조각을 맞추듯, 서로 다른 아이디어를 조합하여 새로운 그림을 완성하는 것이죠.

AI 시대 창의적 인간

창의적인 문제해결
: 문제적 상황에서
창의적 대안 찾기 프로세스

창의성 연구가 생각보다 늦게 시작된 이유

창의성 연구는 생각보다 늦게 시작되었습니다. 그 이유는 대중들에게는 창의성이 크게 필요하지 않았기 때문이에요. 과거에는 대량 생산과 같은 반복적인 업무가 주를 이루었고, 대부분의 사람들은 매뉴얼에 따라 정해진 작업을 수행하면 됐습니다. 오히려 당시에는 창의성을 발휘해서 일을 쉽게 하려고 하면 "잔머리 굴린다"며 타박을 듣곤 했습니다. 매뉴얼대로만 일해도 생산은 충분하고 수입도 괜찮았거든요. 굳이 창의성을 발휘할 이유가 없었던 거죠. 그래서 창의성은 주로 예술가, 과학자, 철학자와 같은 특정 직업군에 요구되었습니다.

그런데 현대로 올수록 기술 발전과 자동화가 가속화되면서 반복적이고 정형화된 업무는 점점 기계나 소프트웨어가 대신하게 되었습니다. 공장에서는 컨베이어벨트에 의한 대량생산 시스템이 갖추어지기 시작했고, 인간의 역할은 더 창의적이고 복잡한 문제를 해결하거나 새로운 가치를 창출하는 쪽으로 이동하게 되었습니다. 창의성이 더 이상 특정 직업군에 국한되지 않고, 거의 모든 직업에서 중요한 역량이 된 것이죠.

이에 따라 경제 구조도 바뀌었습니다. 산업화된 경제에서는 주로 노동과 자본에 기반한 전통적인 경제 활동이 중심이었습니다. 이러한 경제 구조에서는 안정성과 효율성이 강조되었기 때문에 창의성보다 규칙과 절차에 따른 수행 능력이 더 중요시되었습니다. 그리고 사회적 변화가 비교적 느려서 한 번 히트한 제품은 짧게는 몇 년, 길게는 몇십 년을 팔 수 있었어요. 신라면이나 새우깡처럼요.

그런데 현대 경제는 지식 경제로 전환되면서 혁신과 차별화가 핵심 경쟁력이 되었습니다. 기업은 지속적으로 새로운 제품, 서비스, 비즈니스 모델을 창출해야 경쟁에서 살아남을 수 있고, 그러려면 창의성이 필수적입니다. 소비자들 또한 더 나은 선택을 원하면서 창의적인 제품과 차별화된 서비스를 선호하게 되었습니다. 스마트폰 경쟁만 봐도 애플이나 삼성이 언제나 1위를 하는 게 아니거든요. 시기에 따라 트렌드를 반영하지 못하면 언제든 경쟁에서 밀립니다. 과거 세계 1위였던 피처폰 기업 노키아는 스마트폰이라는 추세를 따라가지 못해 지금은 실패 사례에서 단골로 등장하는 역사 속 기업으로 사라져 버렸습니다.

사회적·문화적 변화도 있었죠. 100년 전만 해도 전통적인 가치와 규범, 집단적 사고와 일관성을 중시하는 사회였습니다. 그런데 제1·2차 세계대전을 겪으면서 집단주의적 사고의 무서움을 깨달은 사람들은 점점 더 개인에 주목하게 되었습니다. 그래서 과거에는 창의적이거나 독특한 접근 방식이 종종 비전문적이거나 위험한 것으로 여겨졌지만, 다양성과 개인을 존중하는 사회로 변하면서 개인의 창의성이 장려되기 시작했습니다. 창의성에 대한 정식적인 연구가 제2차 세계대전이 끝나고, 전후의 세계 질서가 잡혀가기 시작한 1950년대 이후로 이루어지기 시작한 것은 결코 우연이 아닙니다. 이 시기가 되어서야 개개인에게 독창적인 사고와 표현이 장려되었고, 그런 능력이 사회적 성공과 직결되는 환경이 조성되기 시작한 거예요.

문제는 매뉴얼의 그림자

전체 직업 통계에서 예술가가 차지하는 비율은 매우 낮습니다. 미국 노동 통계국Bureau of Labor Statistics, BLS에 따르면, 예술 및 디자인 직업군Artists and Designers은 전체 노동 인구의 약 1퍼센트 이하입니다. 이 범주에는 그래픽 디자이너, 예술 감독, 미술가, 조각가, 음악가, 배우 등이 포함됩니다. 한국의 경우도 비슷합니다. 2021년 기준으로 한국고용정보원이 발표한 자료에 따르면, 문화예술 관련 직업에 종사하는 사람들은 전체 직업군 중 약 1퍼센트 이하에 불과합니다. 이 범주에는 연예인, 디자이너, 미술가, 음악가, 배우, 무용가, 연출가 등이 포함됩니다.

말하자면, 창의성이 예술이나 학문 분야에서 요구되던 과거에는 창의성이 대중화될 필요가 없었어요. 하지만 현대에 들어와서는 일반 회사원, 마케터, 비즈니스맨 등 산업 전반에서 창의성이 요구되면서 대중화될 필요가 생겼죠. 여기에서 말하는 창의성은 예술에서의 창의성과는 성격이 조금 다른, 문제해결적 창의성이라는 이야기를 앞서 설명한 바 있습니다.

문제해결은 산업혁명 이후 노동에서의 과학적 관리법이 등장하는 것과 관계가 있습니다. 공장에서 기계가 가동되는 것과는 별도로, 사람의 노동력도 잘 매뉴얼화하면 생산성을 높일 수 있다는 사실이 알려졌습니다. 그 계기는 1911년 미국의 기계공학사이자 경영학자인 프레더릭 윈즐로 테일러Frederick Winslow Taylor가 발표한 '과학적 관리법Scientific Management'이었어요. 테일러는 노동자들의 작업을 기본 동작으로 분해한 후 쓸모없는 동작을 제거하고 각 동작별로 최적의 방법을 찾아냈습니다. 그다음 스톱워치로 작업에 소요되는 단위시간을 측정했습니다. 나사 조이는 데 10초, 부품 끼우는 데 5초 하는 식이었죠. 이런 식으로 특정한 작업에 필요한 도구, 동작, 시간을 결합하여 노동자에게 미리 부과할 수 있는 과업을 구성한 겁니다.[13] 다시 말해서 인간이 자의적으로 수행하던 노동을 매뉴얼화해서 기계처럼 작업을 수행하도록 만든 거죠. 좋은 말로 과학적 관리법이지, 사실은 인간에게 기계 패치를 깐 것인데요, 테일러리즘이라고도 불리는 이 방법은 당시 경영자들 사이에서 큰 인기를 끌었고, 그 이후로 많은 산업 현장에서 테일러리즘에 기반한 매뉴얼을 도입했습니다.

그런데 세상에 일어날 수 있는 모든 일들을 매뉴얼에 다 담을 수는

| 테일러리즘을 적용한 공장의 모습

없잖아요. 사회 환경이 바뀌고 기술이 발전하면 전에 없던 문제도 생길 수밖에 없고요. 그래서 매뉴얼대로 움직이는 현장에서는 필연적으로 매뉴얼에 적혀 있지 않은 문제가 발생하기 마련입니다. 이러한 상황에서 필요한 것이 바로 문제해결력입니다. 문제해결력은 특히 제2차 세계대전이 일어나는 동안 복잡한 군사 작전을 효율적으로 수행하기 위해 더욱 체계화되었습니다. 그 과정에서 시스템 분석Systems Analysis, 작전 연구Operations Research와 같이 여러 가지 문제를 분석하고 최적의 해결책을 찾기 위한 방법론이 개발되었는데요, 이러한 방법론은 전쟁이 끝난 후에도 산업과 경영에서 문제해결을 체계화하는데 기여했습니다. 우리가 잘 알고 있는 '게임이론'도 이때 나온 이론입니다.

오늘날에도 비즈니스에서는 표준화된 절차를 기록한 매뉴얼이 중요합니다. 하지만 현대 사회는 기술이 급속도로 발달하고 사회가 급격히 변하는 만큼, 매뉴얼에 등재하기도 전에 새로운 상황과 문제들이 계속 생기고 사라지거든요. 그래서 개개인의 문제해결력이 더욱더 중요해지고 있고요, 문제해결력에서 대안을 제시하는 능력은 기존의 방법으로는 해결할 수 없는 문제를 다루기 때문에 당연히 창의적인 능력이 필요할 수밖에 없습니다. 그래서 보통 문제해결력과 창의성을 연결해서 '창의적 문제해결력'이라고 표현하는 경우가 많은 것이죠.

다양한 창의적
문제해결 프로세스

창의적 문제해결력은 사회 곳곳에서 요구됩니다. 이때 필요한 창의력은 '알아서' 발휘되는 것이 아니라 여러 가지 기법으로 도달할 수 있도록 프로세스화되어 있어요. 아무래도 경영에서 다양한 문제에 직면하는 경우가 많은 만큼, 경영 컨설팅 회사에서 문제해결 방법을 개발해 왔습니다. 맥킨지의 문제해결 7단계 프로세스는 문제 정의, 문제 구조화, 우선순위 설정, 작업계획 수립, 분석 실행, 결과 종합, 해결안 개발의 7단계를 따릅니다.

PDCA^{Plan-Do-Check-Act} 사이클 기법은 계획 수립, 실행, 검토, 개선 조치라는 보다 간단한 4단계의 프로세스를 제시하죠. 이 외에도 '왜'라는 질문을 반복하여 문제의 근본 원인을 찾는 '5 Whys 기법', 문제를 논리적으로 세분화하여 구조화하는 '로직 트리', 80:20 법칙을 활용하여 핵심 문제를 파악하는 '파레토 분석', 물고기 뼈처럼 생긴 다이어 그램에 문제의 원인들을 분류하여 체계적으로 분석하는 '피시본 다이어그램', 강점·약점·기회·위협을 분석하여 전략을 수립하는 'SWOT 분석', 다양한 미래 상황을 예측하고 대비하는 '시나리오 플래닝', 데이터에 기반한 문제 해결 및 프로세스 개선 기법으로, 결함을 줄이고 품질을 향상시키는 '6시그마', 창의적 문제 해결을 위한 공학적 방법론인 '트리즈' 등 여러 가지 방법론이 있습니다. 직장에서 교육을 받거나 자기계발을 위해 개인적으로 직무 능력 향상 공부를 하셨다면 이 중 몇 가지는 들어보셨을 테고, 또 몇 가지는 실제로 워크숍 등을 통해서 직접 경험해 보기도 하셨을 겁니다.

위에 언급한 방법들은 모두 창의적 문제해결을 지향하지만, 우선적으로 논리적 분석이 정확해야 합니다. 따라서 논리적 문제해결력이라고 해도 과언이 아닙니다. 하지만 문제라는 것은 이미 해결책이 있었다면 문제로 인식되지 않았겠죠. 문제라고 정의한 순간, 그에 대한 해결책은 기존에 없던 새로운 것, 즉 창의적인 것이 나올 수밖에 없거든요. 그런 점에서 모든 문제해결력은 기본적으로 창의적인 방법론이라고 할 수 있습니다. 중요한 것은 이런 방법론들이 모두 프로세스화되어 있어서 누구나 익히고 활용할 수 있다는 것입니다. 창의력을 타고난 사람만이 문제해결을 할 수 있는 것이 아니라, 보통의 사람들도 이러한 방법론을 익히고 적용해서 창의적인 결과물을 산출할 수 있는 것이죠. 물론 개인에 따라 역량의 차이는 있더라도 말이죠.

이것을 사용자 중심의 창의적 문제해결 방법론인 '디자인 씽킹'을 예로 들어서 구체적으로 설명해 보겠습니다.

문제 해결을 위한 사고법: 디자인 씽킹

디자인 씽킹Design Thinking은 줄여서 'D씽킹'이라고도 합니다. 이름에서 알 수 있듯이 디자인의 사고방식을 활용해 기획, 마케팅, R&D 등 비즈니스의 전 과정은 물론, 비즈니스 전략, 조직 디자인, 서비스 디자인, 정책 입안 등 다양한 문제에 대해 창의적인 솔루션을 만들어 내는 기법입니다. 이 방법은 1990년대 세계적인 디자인 기업 아이디오IDEO의 설립자 데이비드 켈리David Kelley가 대중화하였습니다.

켈리는 두 명의 교수와 더불어 스탠퍼드 대학에 디스쿨d.School을 설립한 초기 설계자이기도 합니다. 디스쿨은 디자인스쿨Design school의 약자인데요, 그렇다고 말 그대로 디자인을 가르치는 게 아니라 생각과 아이디어를 디자인하는 방법을 배울 수 있도록 가르치는 거죠.[14]

┃ 스탠퍼드 대학의 디스쿨[15]

문제를 해결하는 데 디자인적 사고를 적용한다는 말이 선뜻 이해되지 않는 분도 있을 텐데요. 그런 분들은 보통 디자인을 단순히 예쁘게 포장하는 것 정도로만 이해하고 계신 분들이죠. 사실 디자인은 문제를 해결하는 하나의 방법입니다. 그래서 좋은 디자인은 상품이나 이벤트의 본질을 이해하고, 그것의 장점을 극대화하면서 단점을 감추는 식으로 표현됩니다. 예를 들어, 코카콜라는 다른 제품과 차별화하고자 병 모양을 카카오 열매의 모양을 딴 곡선형으로 만들었어요. 허리가 잘록하게 들어간 이 디자인은 보기에도 좋고, 디자인적으로 끌리고, 유니크합니다. 그리고 무엇보다 같은 용량이라도 조금 더 많아 보이게 하는 착시효과가 있고, 손에 쥐었을 때 쉽게 빠지지 않는 그립감을 주죠.[16] 미적으로도 좋을 뿐 아니라 실용적이라는 거예요.

산업 디자인은 단순히 예쁘고 멋지게 보이는 것을 넘어서, 제품이 지닌 문제를 디자인으로 해결하는 경우가 많은데요, 그래서 디자인적 사고가 문제해결적 사고와 같은 용법으로 사용되는 겁니다.

디자인 씽킹의 5단계 프로세스

디자인 씽킹 프로세스는 공감Empathize, 문제 정의Define, 아이디어 도출Ideate, 프로토타입 만들기Prototype, 테스트Test의 5단계로 구성됩니다.

1. 공감

먼저 공감 단계는 사용자와의 깊은 공감을 통해 그들의 필요와 문제를 이해하는 단계입니다. 관찰, 인터뷰, 사용자 경험 조사 등의 과정을 거쳐 사용자의 관점에서 문제를 파악합니다. 제 친구 중 하나는 남자 디자이너인데, 팀장으로 일할 때 생리대를 디자인한 적이 있었어요. 그래서 관찰하고, 인터뷰하고, 사용자 경험을 조사하는 데 애를 먹었지만, 그래도 할 건 다 하더라고요. 실제로 자신이 직접 사용해 보기도 하면서(어떻게든 착용을 해보는 거죠) 간접적으로나마 사용감을 확인했거든요. 지금 생각해 보면, 이런 시도들은 모두 고객과 공감하기 위한 디자이너로서의 노력이었던 거죠.

2. 문제 정의

문제 정의 단계는 공감을 통해 얻은 인사이트를 바탕으로 해결해야 할 문제를 명확하게 정의하는 것입니다. 실제로 현장에서는 해결해야 할 핵심 문제가 무엇인지조차 모르는 경우가 종종 있습니다. 그러므로 먼저 여러 가지 문제를 파악하고, 이를 통합해서 하나의 대표적인 문제로 정의하는 과정이 필요합니다. 이 단계에서는 사용자 중심으로 문제를 재구성하여, 문제의 본질을 이해하고 해결 방향을 설정해야 합니다.

3. 아이디어 도출

아이디어 도출은 문제 정의 단계에서 얻은 인사이트를 기반으로 다양한 해결책을 탐색하는 것을 말합니다. 이때 브레인스토밍이나 마인드맵 같은 기법을 활용하여 창의적인 아이디어를 폭넓게 찾아냅니다. 앞서 소개했던 창의력을 발휘하는 여러 가지 방법을 써보는 것도 좋겠습니다. 이 단계에서는 가능한 한 많은 아이디어를 생성하는 것이 바람직합니다.

4. 프로토타입 만들기

프로토타입 만들기는 여러 아이디어 중에서 가장 유망한 아이디어를 선택하고, 이를 구체적인 형태로 만드는 것입니다. 아무래도 디자인적 사고니까 실제로 디자인으로 구현해 보는 거예요. 이 프로토타입은 단순한 모형일 수도 있고, 실제로 사용 가능한 제품일 수도 있습니다. 중요한 것은 빠르게 시도해 보고, 피드백을 받는 거죠. 예전에 친구가 백색 가전을 생산하는 회사에서 밥솥을 디자인한 적이 있는데요, 제가 농담으로 밥솥 하나만 달라고 했더니 목업만 줄 수 있다고 하더라고요. 처음에는 목업이 뭔지 몰랐는데, 그게 바로 제품의 모양만 구현한 프로토타입을 밀하는 서였어요. 목업은 실제 제품을 제작하기 전에 모양만 유사하게 만든 모형 제품입니다.

5. 테스트

마지막 단계는 테스트입니다. 프로토타입을 실제 사용자에게 테스트하고, 피드백을 수집합니다. 이를 통해 솔루션의 효과를 검증하고, 필요한 경우 수정과 개선을 거칩니다. 이 단계에서 얻은 피드백은 공감, 문제 정의, 아이디어 도출 단계로 다시 돌아가 더 나은 솔루션을 개발하는 데 사용될 수 있습니다.

이와 같은 5단계가 적용된 사례를 하나 소개해 드릴게요. 더그 디츠^{Doug Detz}는 GE 의료기기 부서에서 20여 년을 일한 MRI 장비 엔지니어였습니다. 그런데 더그는 자신이 만든 MRI 장비를 사용할 때 아이들이 무서워하고, 심지어 극심한 공포를 느낀 나머지 마취제를 투입해야 하는 경우도 있다는 사실을 알게 돼요. 마침 스탠퍼드 대학교 내의 디스쿨 워크숍에 참여하고 있던 그는 디자인 씽킹을 적용해 이 문제를 해결해 보기로 합니다.[17]

먼저 아이들의 울음에 관심을 기울인 것 자체가 공감을 한 것이죠. 그다음 문제 정의 단계에서 그는 아이들이 MRI를 찍으러 들어갈 때 공포를 느낀다는 문제를 포착했어요. 아이디어 도출 단계에서는 본질적으로 MRI를 찍는 시스템을 바꿀 수 없다는 전제하에 문제를 해결하기 위한 여러 가지 아이디어를 생각해 보았죠. 그래서 최종적으로 채택된 아이디어는 MRI를 무서운 의료기기가 아니라, 꿈과 환상을 찾아 모험을 떠나는 새로운 체험으로 인식할 수 있게 만들자는 것이었습니다.

이를 위해 더그는 프로토타입을 만들어 실험하고, 수정과 개선을 거쳐 솔루션을 확정했습니다. MRI 기계의 외부를 해적선 모양으로 꾸미고, MRI 촬영기사는 마치 놀이공원에서 안내를 하듯 아이들에게 해적선 내부로 모험을 떠날 것이라고 말해줍니다. MRI를 의료 장비가 아닌, 놀이동산의 해석선처럼 느끼게 만드는 것이죠. 최근에는 아이들이 MRI 촬영 과정을 이해할 수 있도록 색칠북을 만들어 제공하기도 했습니다. 그 결과, 아이들의 만족도가 높아졌고 심지어 엄마에게 "내일 또 와도 돼?"라고 묻는 아이들도 생겼다고 하니, 성공적인 디-씽킹의 적용 사례라 할 수 있습니다.

| (좌)피츠버그 어린이 병원의 해적섬 CT 색칠북 표지[18]
| (우)피츠버그 어린이 병원의 우주여행 MRI 색칠북 표지[19]

AI에 넘어갈 수도 있는
창의성의 주체

창의적인 문제해결 프로세스는 이렇게 구조화되고 매뉴얼화되어 있습니다. 또한 상황에 따른 효과적인 방법이 특화되어 있을 정도로 그 프로세스가 다양하기도 합니다. 물론 이런 프로세스를 따른다고 해서 모두가 창의적인 해결책을 만들어 내는 것은 아닙니다. 하지만 학습을 통해 적어도 어떤 과정으로 창의적 결과에 도달하는지 알 수 있죠.

지금까지 살펴본 창의성의 연대기를 정리하면, 창의성은 신이 주신 선물에서, 타고난 천재만의 독특한 특징이었다가, 훈련과 노력으로 누구나 어느 정도 습득할 수 있는 능력으로 변화해 왔음을 알 수 있습니다.

하지만 이렇게 대중화되던 창의성은 커다란 문제를 맞닥뜨리게 돼요(정확하게는 인간이 문제를 만나게 된 거죠. 창의성 자체에는 문제가 없고요). 창의성을 발휘하는 방법들을 프로세스로 정리했을 때, '관점의 전환'이나 '연결' 같은 뚜렷한 방법론이 나온다는 것은 결국 이를 기계적으로 구현할 수 있다는 의미거든요. 이러한 기계적 연결을 인간이 훈련을 통해 발전시켜 나가는 개념이었기 때문에, 누구나 창의성을 가질 수 있다는 개념이 된 거잖아요.

그런데 AI가 등장하고 아주 짧은 시간에 성능이 급격하게 발전하면서 AI가 이 기계적 방법을 쉽게 적용할 수 있게 된 겁니다. 생성형 AI에 'A와 B를 연결해서 창의적 대안을 찾아줘'라고 요청하면, 금방 그럴듯한 답을 내놓거든요. 이전까지 창의성은 인간의 경쟁력이자 고유한 특징으로 여겨졌지만, 현재 AI가 만들어 내는 결과물들의 창의성 역시 꽤 인간적입니다. 반면 결과물을 만들어 내는 속도로 보자면 굉장히 비인간적이기도 해요.

그래서 오늘날 인간들은 창의성의 위기이자 정체성의 위기를 맞게 됩니다. 지금까지 정리한 것이 창의성의 정체라면, 이미 인간은 창의성의 생성 속도에서 AI에 뒤처지고 있고요, 머지않아 창의성의 질적인 측면에서도 AI를 능가하기 어려워질 것입니다. 물론 0.001퍼센트의 천재가 가진 창의성은 기계를 뛰어넘을 수도 있겠지만, 보통 사람들이 일하는 데 필요한 실용적이고 일반적인 창의성은 아주 빠른 시간 안에 AI에 주도권을 내줄 것이 너무나 자명해 보입니다.

이런 상황에서 우리에게는 두 가지 선택지가 있습니다. AI보다 더 노력해서 창의성의 주도권을 가져오거나 아니면 아예 창의성의 방향을 틀어 버리는 것입니다. AI의 성능과 발전 속도를 봤을 때, 전자는 사실상 불가능한 미션에 가깝습니다. 그래서 이 책에서는 후자에 대해 논의해 보고자 합니다. 인간이 발휘하는 창의성을 AI가 쉽고 빠르게 대체할 수 있다면, 인간은 그 결과물로 2차적인 쓰임새를 만들어 내는 것이 훨씬 더 바람직하고 유용할 테니까요. 바로 이런 2차적 활

　　　　　　　　　　　　　　　　　　AI 시대 창의적 인간

용에서의 창의성을 이야기하고자 하는 거예요. 그럼 다음 장부터 본격적으로 AI 시대의 창의성에 관해서 이야기해 보겠습니다.

Part 3

추월당한 창의성
: 완전히 달라지는
AI 시대의 창의성

창의성의 신화는
이미 무너졌다

알파제로에 창의성을 배우는
바둑기사들

이세돌 9단은 AI와 바둑 대결을 해서 이긴 마지막 인간입니다. 이세돌 9단이 알파고^{AlphaGo}와 싸운 이후에 알파고 마스터^{AlphaGo Master}가 등장하는데요. 알파고 마스터는 이세돌 9단을 4승 1패로 압도한 버전(알파고 리라고 부릅니다)에 3점을 접어주는 수준입니다. 인간과의 대결에서 진 적이 없고, 세계 챔피언인 커제 9단을 상대로 거둔 3연승을 포함해서 60연승을 기록했죠. 이어서 2017년에는 알파고 제로

| 알파고 리와 알파고 제로의 바둑 대결

AlphaGo Zero가 나왔습니다. 알파고 제로는 알파고 마스터와 대결해서 100전 89승 11패를 거둡니다.[1] (이제 사람과의 대결은 성적 비교가 되지 않는 거죠.) 알파고 마스터를 비롯해 그전까지 바둑을 두는 AI들은 인간이 둔 기보를 학습해서 실력을 발전시켜 나간 것이라면, 알파고 제로는 그야말로 제로 베이스에서 강화학습reinforcement learning을 시작했습니다. 알파고 제로에 주어진 것은 바둑 규칙에 대한 설명밖에 없었습니다.[2] 데이터가 주어지지 않았는데도 알파고 제로는 기본 규칙만을 가지고 스스로 바둑을 두어보며 빠른 시간 안에 이전 버전의 AI들을 압도하기 시작한 것입니다.

알파고 제로 이후에 등장한 것은 알파 제로Alpha Zero입니다. 알파고 제로에서 바둑 특화라는 특징을 없애고 모든 보드게임으로 범위를

AI 시대 창의적 인간

확장한 것이 알파 제로입니다. 알파고 제로처럼 기보나 데이터를 제 공하는 것이 아니라 장기나 체스 같은 보드게임의 규칙을 알려주면, 그 규칙을 스스로 강화학습해서 실력을 쌓는 거예요. 그리고 그전까 지 각 분야에서 챔피언 자리를 차지했던 AI들을 차례로 도장 깨기 해 버리죠. 체스 AI 챔피언인 스톡피시Stockfish를 4시간 만에, 쇼기(일본식 장기) AI 챔피언 엘모Elmo를 2시간 만에 꺾었고, 알파고 제로도 30시간 만에 추월해 버립니다.[3]

더 놀라운 사실은 이런 일들이 최근의 AI 열풍에 편승해서 일어난 일이 아니라, 이미 2018년 이전에 일어난 일이라는 거예요. 이세돌 9단과 알파고의 대결이 사람들에게 충격을 준 것이 2016년 봄의 일 인데, 그로부터 2년 만에 바둑을 포함한 보드게임에서 AI가 인간의 능력을 추월해 버려서 더 이상 개발할 필요가 없는 수준에 이르렀습 니다.

이세돌 9단과 대결하기 전에는 AI의 한계가 명확했기에 인간이 AI 에 질 수는 없다는 생각이 일반적이었습니다. 몇몇 데이터에 기반해 한정된 수만 둘 수 있는 AI에 비해서, 다양한 상황과 조건에 맞춰 창 의성을 발휘할 수 있는 인간의 능력을 믿었던 것이죠. 그런데 AI는 이 런 믿음을 가볍게 무너뜨리며 보드게임계를 점령해 버렸습니다. 지금 은 바둑을 두는 분들이 AI의 기보를 보면서 '아, 이런 수도 있구나.' 하 고 창의적인 수를 배운다고 하죠.

"알파고 등장 이후 '이상한 수', '말도 안 되는 수'란 없다는 것을 깨달았다." (오정아 5단)

"알파고와 팀을 이뤄 대국하면서 바둑의 지평이 넓어졌다. 바둑에 더 많은 상상력과 창의력을 발휘할 수 있었다." (롄샤오 9단)

"알파고 등장 이후 바둑을 더 자유롭게 생각하게 됐다." (김지석 9단)[4]

모두 알파고와 바둑을 두어보았던 프로기사들의 말입니다. 그들은 한결같이 알파고에 창의성을 배울 수 있다고 말하고 있어요. 인간의 경쟁력이라고 여겨졌던 창의성이 결코 인간의 전유물이 아닐 수 있고, 심지어 AI가 인간에게 가르침을 줄 만큼 창의성에서 압도적인 면모를 보일 수 있다는 사실을 보여줍니다.

이세돌 9단은 『뉴욕타임스New York Times』와의 인터뷰에서 더욱 직접적으로 이렇게 말했습니다. "사람들은 창의성, 독창성, 혁신에 경외심을 갖곤 했다. 그러나 AI가 나타난 이래 그중 많은 것이 사라졌다."[5]

바둑을 두는 사람이 아닌 바둑을 만드는 사람

알파고를 개발했던 구글의 자회사 딥마인드 팀은 더 이상 바둑이나

AI 시대 창의적 인간

게임에서 AI가 발전해야 할 필요를 느끼지 못했는지, 연구의 관심을 단백질 개발로 옮겨가서 '알파폴드AlphaFold'라는 단백질 구조를 예측하는 AI를 개발하고 있습니다. 2024년에는 모든 생명체의 분자 구조와 상호작용을 예측할 수 있다는 알파폴드3를 선보였는데요,[6] 이로 인해 신약 개발 속도가 비약적으로 빨라졌다고 해요. 그리고 바로 이런 공로를 인정받아서 알파폴드 팀은 2024년에 노벨화학상을 타게 됩니다. 노벨화학상을 받은 세 명 중 두 명이 알파폴드를 개발한 구글 딥마인드 소속으로, CEO인 데미스 하사비스Demis Hassabis와 연구원인 존 점퍼John Jumper입니다.

한편, 이세돌 9단은 알파고와의 대국 후 3년 뒤에 바둑계에서 은퇴를 했어요. 자신은 바둑을 인간의 영역인 예술로 배웠기 때문에, 단순히 승패를 결정하는 게임이 되어버린 바둑을 직업으로 계속 유지하기 힘들다고 느낀 겁니다.[7] 바둑은 상대방과 머리를 맞대고 임하는 게임인 만큼 예禮와 도道 같은 것이 중요했는데, AI에서는 그런 것들이 느껴지지 않는다는 것이겠죠. 하지만 무엇보다 큰 이유는 '벽'이었습니다. 규칙을 넘나드는 창의성이 인간의 경쟁력이었는데, 이제 AI에 창의적인 수를 배우는 지경이니 그 벽 앞에 서면 좌절을 느낄 수밖에 없는 상황인 거죠.[8]

그런데 이세돌 9단은 은퇴 후 재미있는 선택을 합니다. 규칙 안에서 싸우는 바둑 같은 게임에서는 도저히 AI를 이길 수 없고, 창의성을 발휘한다고 해도 오히려 AI에 밀리기까지 하니 아예 다른 영역에서 창의성을 펼치기로 한 것입니다. 그가 택한 길은 '보드게임을 잘하는 사람'이 아닌, '보드게임을 만드는 사람'이 되는 것이었습니다. "지금은 바둑을 잘 두는 사람이 필요한 게 아니라, 바둑을 만들 줄 아는 사람이 필요하다"라고 생각하고 보드게임 작가로서 새로운 삶을 시작한 것이죠.[9]

도구를 넘어 협업을 하는 AI

이세돌 9단은 웬만한 사람보다 머리가 좋고, 세계적인 인지도까지 있으니 우리가 그를 걱정할 필요는 없습니다(연예인 빚 걱정하는 것이나 다름없죠). 걱정해야 하는 대상은 바로 우리 자신입니다. 알파고 이전은 물론, 알파고가 충격을 던진 2016년만 해도 AI는 단순한 일을 하고 인간은 창의적인 일을 하면 된다는 믿음이 있었어요. 알파고 이후 알파 제로까지, AI가 바둑계를 어떻게 변화시켰는지 잘 알려지지 않았기에 인간의 창의력은 충분히 경쟁력이 된다고 믿었습니다.

알파고 이후 '4차 산업혁명'이라는 키워드가 우리 사회를 강타할 때도, 사라질 직업 목록에 단순 반복 작업을 수행하는 직업들이 상위에 올랐고 예술가나 전문직 등은 비교적 안전한 직업으로 뽑혔습니다. 하지만 생성형 AI의 등장과 발전은 이러한 신화를 가차 없이 무너뜨립니다.

2022년 11월 30일에 일반에게 공개된 챗GPT ^{ChatGPT} 3.5는 그야말로 전 세계에 경이와 공포를 한꺼번에 안겨주었습니다. 이전까지 '챗봇 ^{chatbot}'이라고 하면, 주차위반 문의 때문에 구청에 접속했다가 알고자 하는 정보는 없고, 말을 알아듣지도 못해 민원인의 화만 돋우는 그런 정도의 인터페이스를 떠올리기 마련이었죠. 하지만 챗GPT는 놀라울 정도로 사람의 말을 잘 알아듣는 겁니다. 그에 대한 결과 역시 훌륭하고 다재다능했습니다. 보고서, 리포트는 물론이고, 드라마 대본이나 소설까지 써주는 정도였으니까요. 게다가 챗GPT가 대중에게 무료로 공개되어서 누구나 직접 경험해 볼 수 있었죠. 전 세계적으로 진도 9.0의 충격파를 주기에 단 2개월이면 충분했습니다.

기존의 데이터를 단순히 검색해 보여주는 것이 아닌, 데이터를 바탕으로 기존에 없던 새로운 것을 만들어 내는 '생성형 AI'의 개념이 알려지면서, 2022년 8월에 일어난 한 사건이 다시 회자되었습니다. 당시 미국 '콜로라도 주립 박람회 ^{Colorado State Fair}'에서 주최한 미술대회의 디지털아트 부문에서 그림 생성형 AI '미드저니 ^{Midjourney}'로 만든 〈스페이스 오페라 극장〉이 우승을 차지한 것입니다. 이 작품을 제출한 제이슨 앨런 ^{Jason Allen}은 미술을 하는 사람이 아니라 게임 기획자였기 때문에 더욱 화제가 되었죠.[10]

생성형 AI와 그것의 원리가 사람들에게 알려지자, 사람들은 무언가 이상함을 감지하게 됩니다. 사진을 예로 들어 생성형 AI의 원리를 쉽게 설명해 볼게요. 가령, '서 있는 사자 그림이 필요하다'고 프롬프트를 입력하면, AI는 데이터에서 여러 가지 사자 사진을 찾습니다. 그리고 한 사자 사진에서는 코를, 다른 사자 사진에서는 눈을, 또 다른 사자 사진에서는 귀를 따오는 식으로 각 부분을 조합해서 유저가 원하는 사자 사진을 만들어 줍니다. 검색은 수많은 데이터 중에서 '서 있는 사자 사진'을 찾아서 그대로 보여주기 때문에, 자신이 원하는 그림과 정확하게 일치하지 않을 수도 있습니다. 반면, 생성형 AI는 여러 요소를 결합하여 완전히 새로운 이미지를 만들어 냅니다. 그래서 유저가 정확하고 구체적으로 이야기하기만 하면, 그에 맞는 그림을 만들어 줄 수 있는 거죠.

그동안 그림 프로그램은 포토샵처럼 사람이 구상하고, 그 구상을 표현하도록 돕는 도구로서의 역할만 했어요. 그런데 그림 프로그램이 아이디어의 구상, 심지어 제작까지 해준다면 그 작품을 출품한 사람의 역할은 무엇일까 하는 의문이 자연스럽게 생깁니다. 물론 최초의 아이디어는 키워드를 제시한 사람에게서 시작되지요. 하지만 그림 AI로 무언가를 만들어 본 분은 아실 거예요. AI가 만들어낸 그림들을 보면서 자신의 생각도 발전하고 요구 사항도 더욱 정확해지기 마련이거든요. 그러니까 처음부터 머릿속에 정확한 그림의 상을 그려놓고 AI

를 사용해 생성하기보다는, 단순한 키워드를 바탕으로 AI가 제안한 그림들을 보면서 아이디어를 다듬고 점차 구체화하는 것이죠. 사실 그림의 구체적인 아이디어 구상에 있어서 AI의 역할이 훨씬 더 큽니다.

이미 희미해지기 시작한 경계

〈스페이스 오페라 극장〉이 출품되어 우승까지 한 대회는 논란이 되면서 세계적으로 알려졌지만, 사실 그냥 지역의 조그만 아마추어 대회였어요. 그런데 2023년 세계적으로 명망 있는 국제 사진 대회에서도 이와 유사한 일이 벌어집니다. 보리스 엘닥센Boris Eldagsen이라는 독일 사진작가가 〈가짜기억상실: 전기기술자〉라는 작품을 '2023 소니 월드 포토그래피 어워즈Sony World Photography Awards'에 출품합니다. 이 작가는 아마추어가 아닌 20년 경력의 프로 사진작가인데요, 이 작가의 작품이 이 대회의 크리에이티브

| 〈가짜기억상실: 전기기술자〉[11]

부문에서 1위를 차지하게 되죠.[12]

그는 수상식에서 자신의 작품이 AI로 만들어졌다는 사실을 밝히며, AI로 만들어진 이미지와 실제 사진가의 작품이 경쟁해서는 안 된다는 이유로 수상을 거부했습니다. 자신이 몸담은 사진 예술 분야에서 AI 생성 이미지는 다른 카테고리로 분류해야 한다는 메시지를 전달하려는 퍼포먼스였죠.

그런데 2024년에는 정반대의 사건이 일어납니다. 2023년 이래로 공모전에서 AI 분야를 따로 두는 경우가 많아졌는데요. 권위 있는 사진 콘테스트인 '1839 컬러 포토그래피 어워즈1839 Color Photography Awards'의 AI 부문에서 동상을 차지한 〈플라밍곤〉이라는 작품이 사실

I 〈플라밍곤〉[13]

AI로 만든 게 아니라 직접 찍은 사진이라는 사실이 밝혀진 겁니다. 사진작가 마일스 어스트레이^{Miles Astray}는 이 사진을 출품한 이유에 대해 다음과 같이 말했습니다. "실제 자연보다 더 환상적이고 창의적인 것은 없다. 신기술을 악마화할 생각은 없으며 그 잠재력을 인정하지만, 현재로서는 그 한계와 위험이 더 분명하게 보인다."[14] 실사 작품이 AI 작품보다 뛰어남을 말하고자 하는 의도였지만, 사실 따지고 보면 아주 위험한 시도가 아닐 수 없습니다.

단순히 사람보다 뛰어난 결과물을 만들어 낸다는 이유로 생성형 AI의 유용성을 주장하는 것이 아니거든요. 상위 2퍼센트에 속하는 전문가들은 AI보다 더 뛰어난 결과물을 만들어 낼 수 있겠지만, 나머지 98퍼센트의 대중은 그렇지 못합니다. 생성형 AI는 이 98퍼센트의 대중이 상위 2퍼센트의 수준에 도달하지는 못하더라도, 그에 근접한 퍼포먼스를 내도록 도와주는 기술이에요. 그것도 매우 빠르고 간편하게 말이죠. 사진작가가 웅크린 플라밍고를 찍기 위해 카리브해 해변에서 몇 시간이고 순간 포착을 하면서 정성과 시간을 쏟아부어야 했다면, 이제는 클릭 몇 번으로 이와 근접한 품질의 결과물을 생성해 낼 수 있게 된 것이니까요. AI는 상위 2퍼센트의 창의성을 침범하는 것이 아니라, 98퍼센트의 창의성을 상향평준화 해주는 도구인 셈입니다.

마일스 어스트레이의 주장대로 사람이 찍은 사진이 더 우수하다는 이유로 AI 분야를 따로 만들지 않고 같은 선상에서 경쟁하게 둔다면,

그나마 인간의 창작물을 보호하기 위한 최소한의 장치가 순식간에 무너질 수 있습니다. 사진은 잘 못 찍더라도, 좋은 아이디어로 무장한 대중이 AI를 사용해 생성한 사진들이 쏟아져 들어올 테니까요. 이로 인해 기존의 사진작가들이 빛을 발하기가 어려워지는 것이죠(참고로 마일스 어스트레이 또한 대상을 받지 못하고 동상에 그쳤습니다).

음악 콘테스트 1등의 비밀

한국에서 열린 음악 콘테스트에서 이와 비슷한 일이 벌어지기도 했습니다. 여수에서 열린 '글로컬 미래교육박람회'의 주제가 공모전에서 한 초등학교 교사가 만든 노래가 1등으로 선발되었습니다.[15] 그런데 당사자에게 1등 소식을 전하려고 전화를 건 담당자는 뜻밖의 고백을 듣고 당황했습니다. 알고 보니, 이 노래는 음악 생성 AI로 만든 작품이었던 거예요. 이 사실을 전해 듣고 더욱 당황한 사람은 심사 위원장이었습니다. 그는 이후 소셜 플랫폼 X에 당황스러운 심정을 담은 글을 올립니다.

심사 위원장을 맡았던 분은 1990~2000년대의 스타 작곡가로 유명한 김형석 작곡가인데요. 분명 수작秀作이라고 생각해서 뽑은 곡이었는데, 그 곡이 AI로 만들어졌으리라고는 전혀 예상하지 못했던 것

| 作曲家 김형석이 X에 올린 게시글[16]

이죠. 다시 말하면 곳곳에서 인간의 창의성이 느껴지는 그런 곡이었다는 얘기예요.

아마 상을 타신 분이 끝까지 AI로 만든 곡이라는 사실을 밝히지 않았다면, 이런 논란조차 없었을 거예요. 이 곡을 듣고 '뭔가 기계적인 냄새가 나는데, AI가 만든 것 아닌가요?'라고 의심하는 사람도 없었을 테니까요. 전문가조차도 알아채지 못했거든요.

생각보다 AI가 구현하기 쉬운 창의성

음악, 미술, 영상 등 창의적인 영역이라고 여겨지던 분야에서 AI가 그럴듯한 결과물들을 내놓기 시작했습니다. '창의성은 인간만이 가진 고유한 영역이므로 AI는 단순 반복 작업에 투입하고, 창의적인 일은 인간이 해야 한다'라는 생각은 이미 '신화'의 영역이 되어 버렸습니다. 멋지긴 해도 사실은 아닌 거죠.

인간은 어쩌다가 예술에서의 창의성 자리까지 AI에 내어주게 된 걸까요? 그런데 가만히 생각해 보면, 예술이 처음부터 끝까지 창의성을 바탕으로 만들어지는 것은 아닙니다. 일종의 패턴과 규칙이 존재하고, 거기에 약간의 변칙이 가미되는 것이죠. 소설 창작을 예로 들면, 소설은 플롯의 구성이 어느 정도 정해져 있습니다. 전통적인 동양 서사에서 많이 보이는 기승전결 구조나, 서양 고전 비극에서 자주 사용하는 프레이타그의 피라미드$^{The\ Freytag's\ Pyramid}$ 구조가 대표적입니다. 이 구조는 발단-상승-절정-하강-결말로 이어지는 전형적인 구성을 따릅니다.

그리고 아예 이야기의 기본 요소를 잘게 쪼개서 주인공의 이름과 약간의 상황만 설정하면 한 편의 이야기가 자동으로 나오게 구성 요소를 분석한 이론도 있습니다. 신화학자로 유명한 조지프 캠벨^{Joseph} ^{Campbell}은 그의 저서 《천의 얼굴을 가진 영웅》에서 전 세계의 신화적 내러티브가 근본적인 구조를 공유한다고 주장히고, 이런 신화들의 구조를 자세하게 분석합니다.[17] 그에 따르면 '영웅의 여정$^{The\ Hero's\ Journey}$'은 일반적으로 12단계로 설명되며, 각 단계는 영웅이 겪는 중요한 사건과 변화를 나타냅니다. 이 여정은 영웅이 일상적인 삶에서 벗어나 모험에 나서고, 시련을 겪으며, 결국 새로운 지혜를 얻고 변모하여 돌아오는 과정을 담고 있습니다.

영웅의 여정 1단계는 일상적 세계Ordinary World입니다. 영웅은 이야기가 시작될 때 일상적인 환경에 있습니다. 이 단계에서는 영웅의 성격, 능력, 약점, 그리고 현재 삶의 양태가 소개됩니다. 이 시점에서 영웅은 아직 특별한 운명을 알지 못하며, 변화도 원하지 않는 상태입니다. 2단계는 모험의 부름Call to Adventure입니다. 영웅이 일상적인 삶에서 벗어나야 할 필요성을 느끼는 사건이 발생합니다. 이는 외부의 사건일 수도 있고, 내면에서 오는 갈망일 수도 있습니다. 이 부름은 영웅이 새로운 세계로 들어가야 한다는 신호입니다. 3단계에서는 이 부름을 거부Refusal of the Call합니다. 영웅은 모험에 나서는 것을 거부하거나 주저합니다. 이 단계에서는 영웅이 두려움을 느끼거나, 책임감 때문에 익숙한 세계에 남으려는 경향을 보입니다. 하지만 이러한 거부는 일시적인 것으로, 결국 영웅은 모험에 나서게 됩니다. 그리고 4단계에서는 멘토와의 만남Meeting with the Mentor이 있습니다. 모험을 시작하기 전에 지혜로운 멘토를 만나게 되는데, 이 멘토는 영웅에게 조언을 해주거나 중요한 도구나 정보를 제공합니다. 멘토의 도움으로 영웅은 자신감을 얻고 모험에 나설 준비를 합니다. 우리나라의 전통적인 이야기에서는 주로 사부나 산신령 같은 사람을 만나서 도움을 얻게 되죠. "이제 그만 하산하거라"라는 말을 듣는 거예요.

5단계는 첫 번째 문턱을 넘는 단계Crossing the First Threshold이자 영웅이 새로운 세계로 들어가는 중요한 순간입니다. 일상 세계를 떠나 모험의 세계로 넘어가며, 더 이상 이전의 삶으로 돌아갈 수 없습니다. 이 문턱을 넘는 순간부터 영웅은 진정한 모험을 시작하게 됩니다. 그리고 6단계에서는 시험, 동료, 적Tests, Allies, Enemies이 나타납니다. 영웅은 새로운 세계에서 다양한 시험을 겪고, 동료를 만나고, 적을 마주합니다. 이 과정에서 영웅은 점점 강해지며, 모험의 세계에 적응해 나갑니다. 이 단계에서는 영웅의 능력과 자질이 시험받으며, 중요한 관계들이 형성됩니다. 7단계는 가장 깊은 동굴로의 접근Approach to the Inmost Cave인데요, 이 단계에서 영웅은 가장 큰 시련을 앞두고, 그 시련의 중심지로 다가갑니다. 이 동굴은 상징적인 장소로, 영웅이 극복해야 할 두려움이나 장애물이 기다리고 있습니다. 이 단계에서 영웅은 깊은 내면의 갈등과 직면하거나 중요한 선택을 해야 할 상황에 부닥칩니다.

8단계는 위기Ordeal입니다. 이야기에서 영웅이 가장 큰 시험이나 위기를 겪는 순간입니다. 이는 영웅이 죽음의 위기에 처하거나, 심리적으로 큰 시련을 겪는 순간일 수 있습니다. 이 위기를 통해 영웅은 큰 변화를 경험하고, 새로운 힘과 지혜를 얻게 됩니다. 그리고 9단계는 보상Reward입니다. 위기를 극복한 영웅이 보상을 받게 되죠. 이 보상은 물질적일 수도 있고, 지혜나 깨달음일 수도 있습니다. 영웅은 이 보상을 통해 자신의 여정이 헛되지 않았음을 깨닫고, 이를 바탕으로

AI 시대 창의적 인간

앞으로의 여정을 준비합니다. 10단계는 귀환의 길^{The Road Back}이죠. 영웅은 보상을 가지고 일상 세계로 돌아가는 여정을 시작합니다. 하지만 이 과정에서도 영웅은 새로운 도전에 직면할 수 있으며, 이전의 적이나 장애물이 다시 나타날 수도 있습니다. 영웅은 이 마지막 여정을 통해 완전한 변화를 겪습니다.

11단계는 부활^{Resurrection}입니다. 귀환 과정에서 영웅은 마지막으로 큰 시험을 겪으며, 죽음이나 상징적 재탄생을 경험합니다. 이 부활을 통해 영웅은 진정으로 변모하며, 새로운 존재로 다시 태어납니다. 이 단계에서 영웅은 더 이상 과거의 자신이 아닌, 완전히 변화된 상태입니다. 그리고 마지막 12단계에서는 엘릭서와 함께 귀환^{Return with the Elixir}합니다. 엘릭서는 고대 연금술과 신화에서 등장하는 물질로, 주로

| 신화의 구성요소들

불로장생 또는 만병통치의 능력을 지닌 마법의 물약인데, 여기서는 보상이라고 생각하시면 됩니다. 이 보상은 공동체나 세상을 치유하거나 개선하는 데 사용될 수 있습니다. 영웅은 이제 새로운 지혜와 능력을 갖춘 존재로서, 일상 세계에서 새로운 역할을 수행하게 됩니다.

이것이 바로 조지프 캠벨의 12단계예요. 이 구조는 현대에도 비교적 충실하게 지켜지고 있습니다. 예를 들어 〈스타워즈〉의 루크 스카이워커, 〈반지의 제왕〉의 프로도, 〈해리 포터〉의 해리 포터와 같이 영웅담이 바탕이 된 이야기들은 이 12단계 중 한두 개를 빼거나 더하는 정도의 변형만 거치고, 대부분 이 구조를 충실히 따릅니다. 그래서 이런 구조를 바탕으로 이야기를 창작해 달라고 AI에 요청하면, 인간이 창작하는 것과 유사한 과정을 거쳐 창작된 이야기가 나옵니다. 기본적인 구조를 지키면서 약간의 변형을 가하는 식으로 말이죠.

음악도 마찬가지입니다. 음악에는 지켜야 하는 규칙이나 법칙이 있고, 대중이 선호하는 진행 패턴이나 리듬 또한 어느 정도 공통적인 부분을 뽑아낼 수 있습니다. 미술 역시 시대마다 유행하는 양식, 기법, 묘사 방법이 있습니다. 이러한 스타일을 조금씩 변형하는 것의 차이죠. 이처럼 우리가 막연하게 생각했던 창의성이라는 개념이 사실은 일정한 패턴과 규칙에 기반한 것이고, AI도 이러한 패턴을 학습해 창의성을 쉽게 구현할 수 있다는 사실을 깨닫게 된 것이죠.

지금 AI가 창의적이냐고
묻는다면 대답은 Yes

음악이나 미술에도 이미 알려진 패턴들이 있으며, AI는 이러한 패턴을 분석하고 조직화한 후에 약간의 변형을 가하는 방식으로 창의성을 발휘합니다. 이렇게 예술 분야에서의 창의성이 이미 AI에 의해 침범당한 상태라면, 문제해결이나 비즈니스에서 필요한 창의성은 이미 AI에 의해 무너진 상태라고 보아야 합니다. 우리가 창의성을 익히거나 발전시킬 때도 이미 기법을 따라 하고 있었기 때문에, 일정한 규칙이나 패턴을 가진 분야에서는 AI를 당해낼 수가 없거든요.

지금 시대의 창의성 만들기라고 했을 때, 관점 전환이나 연결하기, 문제해결 영역에서 프로세스 따르기 등은 일정한 패턴이 있고, AI가 이 패턴들을 데이터로 습득하고 변형시키는 것은 매우 손쉬운 일입니다. 예를 들어, 앞서 시네틱스는 서로 상관없는 것들을 연결하여 새로운 해결책을 찾는 방법이라고 했는데요, 그렇다면 AI에 이 방법을 적용해 보는 겁니다. 실제로 챗GPT에 "안경과 신발을 연결해서 새로운 제품을 만들어 달라"고 요청해 보았습니다. 그랬더니 망설임 없이 바로 답이 나왔어요.

아이디어: 스마트 피트니스 시스템 (Smart Fitness System)

제품 설명: "스마트핏 글래스(SmartFit Glass)"

이 제품은 스마트 안경과 스마트 신발의 기능을 결합한 피트니스 시스템입니다. 사용자는 운동이나 일상적인 활동을 하면서 신체 상태를 모니터링하고, 실시간 피드백을 받을 수 있습니다.

주요 기능:

1. 스마트 안경 (Smart Glasses):

   - **실시간 데이터 디스플레이**: 운동 중 걸음 수, 소모된 칼로리, 심박수 등의 데이터를 실시간으로 안경 렌즈에 표시합니다.
   - **AR(증강현실) 가이드**: 운동 중 올바른 자세를 유지하도록 돕는 AR 가이드를 제공합니다. 예를 들어, 달리기나 걷기 자세가 잘못되었을 때 경고를 표시합니다.
   - **운동 경로 안내**: 실시간 경로 안내 기능을 통해 사용자가 설정한 운동 경로를 정확히 따라갈 수 있도록 도와줍니다.

2. 스마트 신발 (Smart Shoes):

   - **압력 센서**: 신발 밑창에 압력 센서가 장착되어, 사용자의 걸음걸이 분석 및 보행 교정이 가능합니다.
   - **충격 흡수 조절**: 실시간으로 발의 움직임과 충격을 분석하여 최적의 충격 흡수 기능을 제공합니다.
   - **피드백 시스템**: 사용자가 비효율적인 걸음걸이나 자세를 취할 때 신발이 진동으로 알림을 줍니다.

사용 예시:

- **피트니스 활동 중**: 사용자는 스마트핏 글래스를 착용하고, 신발을 신고 달리기를 시작합니다. 달리기 중 스마트 안경을 통해 실시간 데이터(속도, 칼로리 소모량, 심박수)를 확인할 수 있으며, 올바른 달리기 자세를 유지하기 위한 AR 가이드가 제공됩니다. 동시에 스마트 신발은 걸음걸이와 충격을 분석하여 최적의 보행 상태를 유지할 수 있도록 도와줍니다.
- **일상 생활 중**: 사용자는 일상적으로 이 제품을 착용하며 하루 동안의 활동 데이터를 자동으로 기록합니다. 걷거나 계단을 오를 때도 신발과 안경이 함께 작동하여, 피트니스 목표를 효율적으로 달성할 수 있도록 지원합니다.

디자인:

- **안경**: 가볍고 세련된 디자인으로, 다양한 스타일에 맞게 조정할 수 있습니다.
- **신발**: 신축성 있는 소재와 현대적인 디자인으로, 다양한 운동 및 일상 생활에 적합합니다.

이러한 제품은 피트니스와 건강 관리를 위한 새로운 차원의 도구로서, 사용자에게 종합적인 피드백을 제공하며, 효율적인 운동과 건강 관리를 가능하게 할 것입니다.

답을 참고해 보니 충분히 예상 가능한 답변이긴 합니다. 물론, 질문을 던질 때 생각지도 못한 것은 사실이지만, 그렇다고 정말 창의적인 결합이라는 생각이 들 정도의 답변은 아니에요. 그래서 이번에는 연상이 전혀 안 되는 대상을 연결해 보려고 합니다. 전혀 연관성이 없는 조합이 뭘까 고민하다가 제헌절과 빗을 연결해 보기로 했습니다. 최대한 아무 관련이 없는 조합을 찾은 거라, 어떤 대답이 나올지 예측이 안 되긴 합니다.

제헌절과 빗은 서로 매우 다른 개념이지만, 다음과 같은 비유적 공통점을 찾을 수 있습니다.

1. **정돈과 질서:**
   - **제헌절:** 제헌절은 헌법이 제정된 날을 기념하는 날로, 헌법은 국가의 질서와 법치를 확립하는 중요한 역할을 합니다. 헌법은 국가의 기본 틀을 마련하고, 사회의 질서와 규범을 정리하는 역할을 합니다.
   - **빗:** 빗은 머리카락을 정돈하고 정리하는 도구로, 엉킨 머리카락을 풀고 깔끔하게 정돈하는 역할을 합니다. 빗질은 머리카락을 정리하여 깔끔한 외모를 유지하게 해줍니다.
2. **기초적인 역할:**
   - **제헌절:** 제헌절은 국가의 기초를 다지는 헌법을 제정한 날로, 국가 운영의 기본적인 틀을 마련하는 중요한 의미를 가집니다. 헌법은 국가의 법적 구조를 세우는 기초가 됩니다.
   - **빗:** 빗은 머리 손질의 기초 도구로, 머리카락을 정돈하고 기본적인 스타일을 만드는 데 사용됩니다. 빗질은 미용의 기초적인 과정 중 하나입니다.
3. **일관성과 규칙성:**
   - **제헌절:** 헌법은 일관된 규칙과 원칙을 제공하여, 법과 사회의 운영이 일관성 있게 이루어지도록 합니다.
   - **빗:** 빗은 머리카락을 일정한 방향으로 정돈하여, 머리카락이 일관된 형태를 유지하게 합니다. 규칙적인 빗질은 머리카락의 모양을 일정하게 유지하는 데 도움을 줍니다.

이와 같이, 제헌절과 빗은 각각 법과 사회의 정돈, 질서, 기초적인 역할 등을 상징적으로 공유할 수 있습니다.

솔직히 처음에는 아무 결과가 나오지 않아도 그럴 수 있겠다 싶었는데요, AI는 별다른 시간을 들이지 않고 거의 실시간으로 제헌절과 빗의 공통점을 찾아서 두 개념을 연결했습니다. 그렇다면 적어도 '연결'이라는 기법을 활용한 창의성 발현 양대는 AI를 활용하는 편이 훨씬 더 효과적이고 질적으로도 우수하지 않을까 싶어요. 만약 처음 나온 대답이 마음에 들지 않는다면, 몇 번이고 다시 생성하거나 아예 다른 AI 도구(퍼플렉시티, 클로드 등)를 사용해 나온 결과물 중에 그럴듯한 대답을 선택하는 것이 훨씬 효과적이고 유용하지 않을까 싶습니다.

이러한 상황에서도 아직도 창의성이 인간의 고유한 특징이며 AI가 침범할 수 없다고 생각하는 사람이 있다면, 그냥 무척 낭만적인 사람이라고 이야기할 수밖에 없을 것 같습니다. 이제 창의성은 특수한 AI가 아니라 대중들이 집에서 무료로 사용하는 AI에 의해서도 쉽게 넘볼 수 있는 영역이 되었습니다. 기술적으로 창의성을 발휘하는 영역에서는 이미 웬만한 사람들의 창의성 수준은 넘어선 상태라고 보아도 무방합니다.

AI가 만들어 내는 결과물들은 산업화 시대 이후 인간이 창의성을 발휘하는 방법을 그대로 따르므로, 이러한 창의성 개념을 적용하면 결국 AI는 우리의 창의성까지 빼앗는 셈입니다. 그래서 현대적 의미의 창의성은 AI에 의해 대체될 수 있다고 말할 수 있고요, 그런 의미에서 지금 AI가 창의적이냐고 묻는다면 그 답은 'Yes'라고 할 수 있습니다.

판세가 바뀌는 완전히 새로운 기회들

산업을 바꿔 버리는 영상 생성 AI

AI는 전례 없이 빠른 속도로 우리 사회의 모든 영역을 대체하기 시작했습니다. AI의 퀄리티가 아직 인간보다 못하다는 말에는 많은 사람이 동의하지만, '아직'이라는 단어가 어느 정도의 기간을 의미하게 될지에 대해서는 의견이 다 다르죠. 그리고 지금의 기술 발달 속도라면, 이 '아직'에 해당하는 기간에 대해 깊이 논의할 시간도 없이 그 타이밍은 지나가리라는 것을 눈치챌 수 있으실 겁니다.

생성형 AI가 대중들에게 각인된 이유는 사람들이 가장 많이 사용하는 텍스트 결과물을 챗봇의 익숙한 형태로 내어주었기 때문입니다. 지금도 많은 사람이 쉽게 사용하는 AI는 챗GPT, 퍼플렉시티^{Perplexity}, 클로드^{Claude} 같은 텍스트 생성형 AI죠. 사실 그림을 생성하는 AI는 이보다 먼저 대중에게 공개되었지만, 일반인들이 그림을 필요로 하는 일은 생각보다 많지 않았습니다. 마찬가지로, 그 후에 공개된 음악 생성 AI도 그렇게까지 많은 대중이 열광하지는 않았습니다.

반면 텍스트 생성형 AI 못지않게 대중들에게 큰 영향력을 미칠 수 있는 AI가 바로 영상 생성 AI입니다. 일반인들이 직접 영상을 생성할 일은 많지 않지만, 요즘의 흐름을 보면 영상으로 자신을 표현하고 소통하는 추세로 가고 있거든요. SNS만 봐도 이제는 사진과 글보다는 가벼운 숏폼 영상이 많아지고 있고, 영상 콘텐츠를 소비하는 시간도 점점 늘어나고 있습니다. 특히나 앞으로 영상 생성이 더 간편해진다면, 미래 세대의 주요 의사소통 방식은 영상이 될 확률이 높죠.

자신의 의사를 영상으로 표현하게 만들어 주는 것이 영상 생성 AI입니다. 2023년 초반까지만 해도 영상 생성 AI는 주어진 영상 소스에 특수효과를 입혀주는 정도의 수준이었어요. 대표적인 영상 생성 AI로는 런웨이^{Runway}의 Gen-1을 들 수 있는데요. 이 툴은 2022년 아카데미 수상작 〈에브리씽 에브리웨어 올 앳 원스〉에서 돌멩이끼리 대화하는 장면과 같은 일부 장면에 사용되어 그 유용성을 증명하기도 했습니다. 이 영화는 저예산으로 제작되었으나 AI의 도움으로 시각적으로 뛰어난 장면을 구현할 수 있었죠.[18]

그 이후 2023년 하반기에는 Gen-2가 나왔는데요, 이 툴은 프롬프트만 입력하면 다른 소스 없이도 영상을 생성해 줍니다. 다시 말해서, 주문만 하면 즉시 영상이 나온다는 거예요. 처음에는 4초 정도의 짧은 영상만 가능했고 그 퀄리티도 높지 않았지만, 시간이 지날수록 영상 시간도 조금씩 길어지고 퀄리티도 개선되고 있었죠.

그런데 2024년 상반기에 갑자기 오픈 AI에서 '소라Sora'라는 영상 생성 AI를 발표했습니다. 이 AI는 텍스트를 입력하면 최대 1분 길이의 영상을 만들 수 있으며, 퀄리티 역시 실제로 촬영한 영상과 구분하기 어려울 만큼 놀라운 수준이었습니다. 4초짜리 영상을 생성하는 것과 1분짜리 영상을 생성하는 것은 그 활용도 측면에서 어마어마한 차이를 만들어 냅니다. 산업의 지형도를 순식간에 바꿔 버릴 수 있거든요.

보통의 미디어 광고가 15초 정도 되고요, 30초나 1분 정도로 제작하기도 하죠. AI로 60초짜리 영상이 뚝딱 만들어진다는 것은 미디어 업계의 구조와 인력 구성이 급격하게 재편될 수 있다는 강력한 신호가 됩니다. 특히 소라 AI는 영상 생성뿐만 아니라 컷 편집 기능까지 제공하거든요. 적절하게 편집만 잘하면 그냥 집에서도 개인 컴퓨터로 광고 한편을 만들어 낼 수 있다는 뜻이에요.

토이저러스의 브랜드 광고[19]

　실제로 2024년 7월, 미국의 유명한 장난감 유통 회사인 '토이저러스Toys "R" Us'는 크리에이티브 에이전시 '네이티브 포린Native Foreign'과 협력해 소라 AI를 사용하여 브랜드 필름을 제작했습니다. 이 영상은 토이저러스의 창립자인 찰스 라자루스Charles Lazarus가 어린 시절 꿈속에서 장난감으로 가득 찬 세상을 만나고, 결국 브랜드를 만들어 냈다는 창립 스토리를 담고 있습니다. 놀라운 점은 별도의 촬영이나 특수효과가 필요하지 않았다는 거예요.[20] 아이디어를 전달하는 텍스트만으로 총 66초 길이의 브랜드 필름이 완성되었습니다.

AI 시대 창의적 인간

퍼스널 영화라는
새로운 장르

2024년 상반기와 하반기에 걸쳐서 갑자기 영상 생성 AI의 진격이 이루어졌습니다. 런웨이에서는 Gen-3를 출시했는데, 아직 AI 특유의 느낌이 나는 부분도 있지만, 어떤 영상은 실사인지 아닌지 구분이 안 간다는 평이 있을 정도로 굉장히 정교해졌습니다. 비록 구독 모델이어서 비용은 지불해야 하지만, 대중들이 직접 사용할 수 있게 오픈되었다는 점이 가장 큰 장점이죠.

이어서 AI가 발달한 중국에서도 클링Kling이라는 영상 생성 AI를 공개하며 기술 경쟁에서 뒤처지지 않았음을 증명했습니다. 클링은 최대 2분 길이의 영상을 초당 30프레임, 1080p의 고해상도로 생성할 수 있습니다.[21] 무엇보다 대중에게 폭넓게 오픈된 상태여서 빠르게 데이터를 쌓아가며 향후 경쟁력 확보에 유리할 것으로 보입니다.

영상 생성 AI가 급격하게 발전하고 있는 만큼, 앞으로 대중들이 만든 다양한 영상 콘텐츠를 쉽게 접할 수 있을 텐데요, 그중에서 가장 눈에 띄는 것은 영화입니다. 프롬프트만으로 1~2분짜리 영상이 생성된다는 것은 이렇게 만들어진 영상을 10개 정도 이어 붙이면 웬만한 단편영화 하나를 만들 수 있다는 말이 됩니다. 영상 생성 AI의 핵심 기술력 중 하나가 일관성 유지인데, 주인공의 얼굴 유지 같은 문제도 점점 개선되고 있다 보니 영화로 제작하기가 한결 손쉬워진 것이죠.

실제로 2024년 아랍에미리트의 두바이에서 제1회 두바이 국제 AI 영화제가 열리기도 했는데요, 이 영화제에는 전 세계에서 500여 편의 작품이 출품되었습니다. 거기서 대상과 관객상을 받은 작품이 한국의 권한슬 감독이 만든 〈원 모어 펌킨One More Pumpkin〉이었어요. 이 작품은 모든 장면과 음성이 생성형 AI로 만들어져서 실사 촬영이나 CG 작업이 따로 없었다고 합니다.[22] 무엇보다도 대중에게 무료로 오픈된 AI 프로그램 툴로 만든 영상이어서 따로 투입된 제작비도 없었죠. 친구의 사무실과 스터디 카페 등을 오가며 5일 만에 영화를 만들었다고 하니, 사실상 제작비는 스터디 카페 사용료 정도였다고 볼 수 있겠네요.

ㅣ〈원 모어 펌킨〉 스틸컷[23]

예전에 라디오를 듣다가 요즘 소설의 위치에 대해서 평가해 달라는 인터뷰어의 말에 한 소설가가 "옛날에는 전문가가 창작하고 대중들이 읽었는데, 이제는 대중들이 창작하고 전문가만 읽는다"라고 평가했던 기억이 납니다. 과거에는 소설을 쓰는 것보다 그것을 책으로 만들고 유통시키는 것이 굉장히 어려운 일이었습니다. 소위 '등단'이라는 과정을 거치고 출판사의 간택을 받아야만 소설가가 될 수 있는 시대였기에 소설가라는 직업은 굉장히 전문적이고 희귀했던 직업이었습니다. 하지만 오늘날은 상황이 많이 달라졌습니다. 소설을 유통할 수 있는 플랫폼이 늘어나고 매체도 다양해졌죠. E-Book 같은 경우는 초창기에 큰 투자 비용 없이도 제작할 수 있습니다. 그리고 웹소설 플랫폼 같은 경우, 그냥 게시판에 글 올리듯이 누구나 쉽게 글을 쓸 수 있게 해 놓았어요. 그러다 보니 소설을 쓰는 사람이 많아졌고, 웹소설 같은 장르물로 돈을 버는 사람이 많아지면서 소설가라는 직업이 대중화되었죠. 이는 마치 과거에 방송이라고는 KBS, MBC처럼 한정된 공중파 채널밖에 없던 시대의 PD의 위상과 지금처럼 혼자서 유튜브 콘텐츠를 제작해도 자신을 PD라고 칭하는 시대의 PD의 위상 차이 같은 것입니다(카페에서 "김PD"라고 한번 불러보세요. 아마 몇 명은 뒤를 돌아볼 겁니다).

이제 영화판에서도 그런 일이 일어날 수 있는 토대가 마련된 셈입니다. 좋은 아이디어만 있으면 생성형 AI로 영화를 만들고, 이를 유튜브 같은 플랫폼에 올려서 전 세계인에게 보여줄 수 있습니다. 그중 인기 있는 영화는 넷플릭스 같은 OTT 플랫폼과 독점 계약을 맺어 또 다른 형태로 서비스될 수도 있습니다. 속편이나 드라마화가 결정되기도 할 테고요.

그래서 저는 이런 영화들을 독립영화와는 장르와 성격이 다른 '퍼스널 영화Personal Movie'라고 불러야 하지 않나 싶습니다. 'AI 영화'는 단순히 도구에 초점을 맞춘 용어이고, 앞으로 어떤 형태로든 모든 영화 제작 과정에서 AI를 활용하는 시기가 올 텐데, 그렇게 되면 모든 영화를 'AI 영화'라고 불러야 하잖아요. 세계적인 프로덕션인 마블에서도 2023년 넷플릭스에 공개한 〈시크릿 인베이전〉이라는 드라마 시리즈의 오프닝을 생성형 AI를 이용해 제작했습니다. 재미있는 것은 이 드라마의 감독이 알리 셀림Ali Selim인데, 이분은 AI가 어떻게 작동하는지 전혀 몰랐다고 해요. 그는 한 매체와의 인터뷰에서 "아이디어, 주제, 단어 등에 대해 이야기하면 컴퓨터 속 AI가 알아서 무언가를 하곤 했다. 그런 다음 단어 몇 개를 바꾸면 결과도 조금씩 바뀌었다."[24]라고 말했습니다. 이렇게 보면, 아이디어 좋은 일반인과 다를 바 없는 조건에서 영상을 만들어 낸 거나 마찬가지죠.

넷플릭스에 공개되어서 전 세계적으로 화제를 모은 김수현, 김지원 주연의 드라마 〈눈물의 여왕〉에서도 해외 촬영에 드는 시간과 비용을 절감하고자 AI를 활용했습니다. 2회에서 주인공이 눈 덮인 자

| 〈시크릿 인베이젼〉의 오프닝 장면[25]

작나무 숲을 걷는 환각 장면이 바로 생성형 AI로 만든 영상입니다.[26]

    콘텐츠 업계가 마주한 비용·시간·인력 문제와 생성형 AI의 급격한 발전이라는 두 가지 흐름을 고려할 때, 결국 미디어 업계에서 AI의 도입은 필연적일 수밖에 없습니다. 그러니 저는 퍼스널 영화의 홍수가 빠른 시일 내에 유튜브를 비롯한 여러 플랫폼을 덮칠 것이라고 생각하지 않을 수가 없습니다.

누구나 크리에이터가 되는
시대가 온다

여러 콘텐츠 중에서 가장 돈과 직결되는 분야는 영상 미디어입니다. 웹툰 한 장면을 그리는 데 드는 비용보다 영화 한 장면을 찍는 데 드는 비용이 1,000배쯤은 되니까요. 그러니 영상 분야에서 AI를 수용하는 데 가장 적극적인 거죠.

생성형 AI는 비용 문제뿐만 아니라 접근성 문제도 깔끔하게 해결해 줍니다. 그림을 못 그려도 웹툰을 만들어 주고, 화성학을 몰라도 작곡을 할 수 있게 해주죠. 그러니 그림, 음악, 글 등을 다루는 다양한 콘텐츠 분야에서 AI를 폭넓게 사용하는 것은 당연한 수순입니다.

콘텐츠 마케팅을 하시는 분 중에는 이미 비즈니스적으로 생성형 AI를 활용하고 계시는 분들이 많습니다. 특히 디지털 마케팅 분야에서는 AI를 사용하지 않으면 경쟁력을 잃을 정도로 이미 널리 사용되고 있죠. 1인 기업을 운영하는 분들도 인스타그램 마케팅이나 블로그 마케팅에 AI로 제작한 콘텐츠를 활용하면서 그 흐름을 적극적으로 따라가고 있습니다.

소라 AI가 공개된 후, 개발사인 오픈AI는 숏폼 동영상 플랫폼인 틱톡에 공식 계정을 개설해요.[27] 그리고 소라로 생성한 영상을 올립니다. 자신들의 기술이 어떻게 쓰이리라는 것을 잘 알고 있는 것이죠.

이렇게 생성형 AI 기술이 발달하고 대중화되면서 나오는 필연적인 예측이 '콘텐츠 플러드Contents flood 시대'의 도래입니다. 즉 콘텐츠의 홍수죠. 2021년 통계에 따르면 유튜브에 하루 동안 1억 개 이상의 영상이 올라온다고 합니다. 현재는 이 수치가 늘면 늘었지, 줄어들진 않았을 거예요. 지금도 그 양이 상당한데, 앞으로 편집이나 촬영 없이 누구나 쉽게 영상을 생성해서 유튜브에 올릴 수 있게 된다면, '어떻게 되든 일단 한 번 올려보자'라고 생각하는 사람들이 더 많이 생겨날 수밖에 없습니다.

좋은 말로 콘텐츠 플러드지, 사실은 '콘텐츠 가비지Contents garbage 시대'라고 봐도 무방합니다. 이미 SNS상에는 생성형 AI로 만든 콘텐츠가 넘쳐나고 있어요. 따라서 자신의 콘텐츠에 차별성을 부여할 방법이 필요합니다.

얼마 전에 국립현대미술관에서 강연을 의뢰받아 미술계 분들과 소통할 기회가 있었는데요. 그때 제가 미술과 관련하여 말씀드린 부분이 있습니다. 생성형 AI가 다양한 그림을 만들어 주면서 미술계가 쇠퇴할 거라고 염려할 수도 있지만, 오히려 미술의 대중화 기회가 열렸다고도 볼 수 있다는 것이죠. 일상적으로 그림을 그리는 사람은 극소수이지만, AI를 사용해 아이디어를 쉽게 그림으로 표현할 수 있다면 그림에 대한 관심이 치솟을 수 있거든요. 유튜브의 득세로 미디어의 죽음을 논하지만, 정확하게 말하자면 TV와 같은 올드미디어가 어려움을 겪고 있는 것이고요, 영상 콘텐츠 자체의 소비는 오히려 급증했습니다.

전 국민 중에 자신의 생각을 그림으로 표현할 수 있는 사람은 많지 않을 거예요. 하지만 자신의 생각을 글로 표현하는 것은 그보다는 쉽습니다. 생각은 언어를 기반으로 이루어지니까요. 이 언어를 그림으로 쉽게 변환할 수 있다면, 미술에 대한 관심은 그전보다는 더 커지겠죠. 퍼스널 무비의 경우도 마찬가지입니다. 자신의 생각을 영화로 구현할 수 있는 사람은 그야말로 극소수예요. 영화감독, 작가, 제작자가 함께 합을 맞추고 막대한 예산을 들여야 가능한 일인데, 이런 일을 할 수 있는 사람이 얼마나 되겠습니까. 그런데 이제 생성형 AI 덕분에 자신이 상상한 아이디어를 실제 스크린으로 옮길 수 있는 가능성이 생긴 겁니다. 누구나 영화감독, 작가, 심지어 제작자까지 될 수 있는 세상이 되면, 영화 자체에 대한 관심과 열정은 이전과 비교할 수 없을 만큼 더 크게 타오를 겁니다.

AI로 만들어 내는 창의성

문제는 수많은 결과물 중에서 자신이 만든 창작물이 대중의 선택을 받을 수 있느냐입니다. 영화를 만드는 목적은 대중과 공유하기 위해

서지, 일기처럼 개인적인 기록으로 남기려는 것이 아니니까요. 대중의 선택도 필연적으로 고려해야 상업적인 성공으로 이어지므로 이는 중요한 요소입니다.

여기서 필요한 것이 바로 창의성입니다. 수많은 AI 산출물에 어떻게 차별점을 부여하느냐의 문제인데요. 평범한 질문이나 요청으로 만들어진 AI 산출물은 기술적으로 생성되는 만큼 평균적일 수는 있어도, 차별적일 수는 없습니다. 그런 결과물이 몇 개밖에 없다면 AI가 만들었다는 것만으로 관심을 끌지도 모릅니다. 하지만 빠른 시일 안에 웬만한 콘텐츠가 AI를 사용해 제작된다면, 금세 상향 평준화된 결과물들이 넘쳐날 것입니다.

'그래서 창의성이 중요하겠구나' 하고 단순한 결론을 내리는 것은 안일한 생각입니다. 진짜 문제는 AI가 창의성까지도 만들어 낼 수 있기 때문에 창의성이 평준화될 수 있다는 점입니다. 앞서 살펴본 전통적인 창의성 기법은 브레인스토밍, 시네틱스 같은 기술적인 방법론을 활용하거나 관점을 바꿔서 새로운 아이디어를 떠올리는 방식이었죠. 따라서 창의성을 만들어 내는 프로세스는 있지만, 이 과정에서 구체적인 내용을 구상하는 것은 개인의 몫이었습니다. 이 지점에서 창의적 개인과 그렇지 않은 사람의 경쟁력이 갈렸던 것이고요. 일례로, 사전과 계산기를 결합한 전자사전은 오늘날에는 누구나 생각할 수 있는 아이디어처럼 보이지만, 1970년대에 이러한 창의력을 발휘할 수 있었던 사람은 소프트뱅크의 손정의 회장이 유일했습니다.

그런데 이제는 '두 단어를 연결해 줘', 'A의 관점에서 B를 봐줘'와 같이 단순한 형식의 명령만으로도 AI가 구체적인 내용을 제시해 주면서 창의력에 대한 접근이 비교적 쉬워졌습니다. 그러면서 창의력의 상향평준화가 이루어졌죠. 문제는 이 '평준화'에 있습니다. 창의성이라는 것이 모두가 쉽게 도달할 수 있는 '평균적인 수준'으로 간다면, 그것은 더 이상 창의적이라고 할 수 없거든요.

차별화, 다른 시각, 새로운 접근, 생각지도 못한 시도 같은 것들이 창의성으로 대표되는 특징인데, 모든 사람이 AI에 창의성을 구한다면, 결국 그 결과물은 서로 비슷해질 것입니다. 그렇다고 AI에 의존하지 않고 독자적으로 창의성을 만들어 보겠다며 재관점, 브레인스토밍, 시네틱스 등의 방법을 시도한다고 해서 차별화된 결과가 나올까요? 과연 인간이 이런 작업을 기계보다 더 빠르고 독창적으로 해낼 수 있을까 하는 의문이 듭니다.

코너에 몰린 기분이죠. AI가 우리의 일을 대신 해주는 요즘 시대에는 인간의 경쟁력으로 여겨졌던 창의성이 그 어느 때보다 절실하게 필요합니다. 하지만 그마저도 AI가 대신할 수 있는 수준에 이르렀고, 인간의 창의성이 AI가 만든 창의성에 비해서 더 우월하다고 보기 어렵습니다. 물론 몇십 년에 한 번 나오는, 패러다임 자체를 바꿔 버리는 천재의 창의성은 인간만이 발휘할 수 있습니다. 하지만 그런 창의성은 대중들이 범접할 수 없는 영역이기도 하고, 비즈니스나 실용적으로 필요한 창의력도 아니에요. 따라서 우리가 일상적인 업무를 처리하고 비즈니스를 일구어 나가는 데 필요한 창의성이라면, 현실적으로 AI에 의존하는 것이 더 효과적입니다(사실, 선택의 문제가 아니라 이제 AI를 활용하지 않으면 경쟁에서 뒤처질 수밖에 없는 상황이죠).

지금이야 AI를 활용하는 사람들이 많지 않아서 AI로 창의성 있는 결과물을 만들어 내도 충분히 경쟁력이 있지만, 순식간에 이런 프로세스가 퍼져서 누구나 창의성을 담보한 결과물을 만들어 내는 시점이 금방 다가올 거거든요.

사진을 만난 후 미술이 걸어간 길

그런데 이와 비슷한 갈등은 과거에도 한 번 있었고, 그 결과는 우리가 현재 직면한 상황에 꽤 유용한 시사점을 제공합니다. 역사적 교훈을 얻기 위해 19세기 유럽으로 가보도록 하겠습니다.

조제프 니세포르 니에프스^{Joseph Nicéphore Niépce}라는 발명가는 상류층의 초상화를 그리면 돈을 벌 수 있다는 사실을 알았지만, 그림을 잘 그리지 못해서 초상화를 대신할 만한 다른 방법을 찾고 있었습니다.

그러던 중 그는 이미 존재하던 '카메라 오브스쿠라Camera obscura'라는 기계에 주목했습니다. 카메라 오브스쿠라는 카메라의 원리와 비슷하게 렌즈가 달린 어두운 박스에 사물을 반사해 윤곽을 따내게 도와주는 기계였습니다. 당시 화가들은 이 기계를 이용해 물체의 상을 딴 후, 디테일한 부분은 자신이 직접 그리는 방식으로 활용했습니다.[28] 그런데 조제프는 그렇게 비친 사물을 화학적으로 재현하는 프로세스를 발견합니다. 그 결과가 바로 오늘날의 사진기가 된 거예요. 1826년의 일이었습니다.

1820년대 유럽에서는 현실을 있는 그대로 묘사하고 재현하려는 '사실주의'가 유행했으며, 이런 시대적 분위기에서 사진기가 발명되

| 니에프스의 집 창밖 풍경. 헬리오그래피 기법으로 만든 인류 최초의 사진이다.[29]

었습니다.[30] 처음에는 사진이 되기까지 노출 시간이 너무 길다 보니 불편한 점이 많아서 그림에 비해 명백한 우위를 점하지 못했습니다. 하지만 기술이 순식간에 개량되고 사진기의 성능이 좋아지면서 미술 계는 크나큰 위협을 느낄 수밖에 없게 되죠.

당시 예술가들의 말을 보면 이러한 충격이 고스란히 드러납니다. 《악의 꽃》으로 유명한 프랑스의 시인 샤를 보들레르Charles Baudelaire는 〈1859년의 살롱: 현대 대중과 사진The Salon of 1859: The Modern Public and Photography〉이라는 비평에서 사진이 미술에 미치는 영향을 우려하며 이렇게 말했습니다. "만약 사진의 어떤 성격이 있어 미술을 대체할 수 있도록 용인한다면, 사진은 자신의 동맹군인 우매한 대중의 힘을 빌려 머지않아 미술의 자리를 차지하고 미술의 품격을 망가트릴 것이다. 그러므로 이제 사진은 과학과 예술을 보조하는 본래의 역할로 돌아가야 할 때이다. 문자의 인쇄나 속기 같은 기능이 문학을 대신하거나 또는 문학이 될 수 없는 것처럼 말이다."[31]

속기나 인쇄가 문학이 될 수 없듯이 사진은 예술이 될 수 없다는 보들레르의 이야기는 사진의 역할을 연구나 자료 수집 정도에 한정하자는 말로 연결됩니다. 즉 사진이 쓸모없다고 비판한 것이 아니라 사진의 쓸모는 기록하는 데 있다는 뜻이었죠. 보들레르는 사진이 창의성과 감수성이 결여되어 있기 때문에 결코 미술을 대체할 만한 예술이 될 수 없다고 보았습니다.

영국의 미술 비평가인 존 러스킨John Ruskin은 사진이 자연을 기록하는 데 유용한 도구임을 인정했지만, 예술의 본질은 단순히 자연을 기록하는 것이 아니라, 상상력과 해석을 통해 새로운 의미를 창출하는 데 있다고 주장했습니다. 역시 인간의 상상력이 결여되어 있기 때문에 사진이 결코 미술의 영역을 차지할 수는 없다고 이야기하고 있습니다.

하지만 그 후 사진 기술은 급속도로 발전합니다. 프랑스 화가인 폴 들라로슈Paul Delaroche는 발전된 사진 기술을 보고 "오늘부터 회화는 죽었다."라고 말했습니다[32]. 그리고 1859년 사진이 '살롱 드 파리Salon de Paris'에 전시되면서 예술의 한 장르로 인정받기 시작하죠. 미술 전시회에 출품되었다는 것 자체가 사진이 예술로서 인정받았다는 뜻이거든요. 앞서 보들레르의 비평은 이 전시회에 사진이 출품되자 나온 평으로, 예술에 대한 위협을 느끼자 과장된 반응을 보인 것으로 해석할 수도 있습니다.

이후 사진 기술은 더욱 발전하고, 회화주의적 사진 등 여러 가지 시도를 통해 점차 예술의 한 장르로 인정받기 시작하는데요, 더욱 중요한 변화는 회화의 주요 기능이었던 '대상을 정확하게 묘사하는 기능'이 사진으로 확실하게 전이된 것입니다. 초상화를 그리려는 사람보다 초상사진을 찍으려는 사람들이 더 많아졌으니까요.

이러한 변화 속에서 회화는 자신의 존재 이유를 새로운 패러다임으로 전환합니다. 이전에는 회화가 자신이 본 것을 묘사하고, 과거의 스토리나 신화를 현실적인 모습으로 재현하는 것이었다면, 이제는 자신이 느낀 것을 재현하는 방식으로 바뀌게 돼요. 이것이 바로 인상주의입니다. 인상주의는 사물이나 자연 현상을 있는 그대로 그리는 것이 아니라, 이를 보고 느낀 인상을 표현하는 것입니다. 그래서 고흐의 그림은 (지금에 와서는 압생트 술 중독으로 의심받고 있는) 고흐에게 느껴지던 세계의 인상을 재현한 것이죠.

자신의 주관적인 관점을 표현하기 위해 자연을 왜곡해서 그리는 표현주의도 등장합니다. 대표적인 작품으로 에드바르 뭉크Edvard Munch의 〈절규〉가 있습니다.[33] 〈절규〉는 해질녘에 언덕을 산책하다가 문득 극도의 불안감을 느꼈던 화가 본인의 경험을 그린 작품입니다.

현실을 그대로 묘사하는 대신 감정, 정신, 추상적인 개념을 표현하는 데 집중하는 추상화가 등장하기도 했습니다. 추상화는 현실의 구체적인 모습이 아닌 내면의 세계와 본질을 탐구하려는 시도로, 사진과 차별화되는 또 다른 방법이었습니다.

다다이즘과 초현실주의는 아예 전통적인 예술 개념을 부정하고, 무의식, 꿈, 초현실적인 이미지를 탐구하는 데 집중했습니다. 그야말로 사진이 할 수 없는 영역에서 예술의 새로운 가능성을 열어가려는 시도였죠.

오늘날의 미술은 주관적인 느낌이나 정신을 재현하는 데 그치지 않고 생각, 콘셉트, 주장을 표현하는 방향으로 나아갔습니다. 팝아트, 개념미술, 설치미술 등 다양한 형태의 예술을 통해 미술이 단순히 시각적인 아름다움을 넘어서 사회적·철학적 메시지를 전달하는 수단으로 발전하게 된 것입니다.

'어떻게 창의성을 부여할 것인가?'는 올바른 질문이 아니다

미술이 사진의 등장과 함께 발전해 간 역사를 보면, 절박한 순간에 패러다임의 전환이 있었다는 사실을 알 수 있습니다. 처음에는 사진에 '소울'이 없다고 비판했으나, 그렇게 해서는 미술이 살아남을 수 없다는 것을 알게 된 거죠.

회화와 사진이라는 장르의 전환 정도로만 보이는 이 현상의 이면에는 사실 조금 더 중대한 변화가 숨어 있습니다. 화가는 역사적으로 굉장히 오래된 직업이지만, 인구 비율로 보면 결코 큰 비율을 차지하지 않습니다. 그림을 취미로 하는 사람 역시 그다지 많지 않죠. 반면에 오늘날 사진가들은 전인구의 50퍼센트는 될 듯합니다. SNS에 올라오는 사진들을 보면 그야말로 프로들의 솜씨잖아요. 순간 포착으로 여신을 만들고, 각도만으로 다리를 두 배는 길어 보이게 만들기도 합니다. 프레임 설정에 따라 일상의 추레한 공간도 발리의 5성급 호텔 같은 느낌이 나게 만들 수도 있고요.

사진기가 나온 초창기에는 오늘날 스마트폰이라는 이름으로 거의 모든 사람에게 사진기가 보급되리라고는 예상하지 못했겠지만, 이미 그때부터 그림을 그리는 것보다 사진을 찍는 것이 훨씬 접근성이 높았던 것은 확실합니다.

초상화를 그릴 수 있는 사람은 한정적이지만, 초상 사진을 찍는 것은 기본적인 기술만 익힌다면 누구나 가능합니다. 그림처럼 화가의 소울이 필요하거나 남다른 창의성이 필요한 일이 아니니까요. 즉 접근성의 측면에서 보자면, 장기적으로 회화가 사진의 대중성을 이길 가능성은 없는 거죠.

특히 사물을 정확히 묘사하고 재현하는 관점에서 그림과 사진이 경쟁한다면, 예술가들이 소리 높여 옹호한 창의성이나 감수성을 어떻게 그림에서 찾아야 할지도 애매해집니다. 사물을 정확하게 재현하려면, 사실 창의적으로 접근하기보다는 논리적으로 접근해야 하잖아요. 그리고 창의성이 발휘되어서 그림만의 독특한 아우라를 가진다고 하더라도, 그런 그림이 일반 대중에게 널리 필요하지는 않거든요.

보통 사람들에게 사진은 '사물의 재현'이라는 기능에만 충실하면 될 뿐, 그 이상은 필요하지 않은 경우가 많습니다. 회화의 주 기능이 사물의 재현이라면, 결국 사진에 의해 대체될 수밖에 없는 운명인 거죠. 그래서 회화는 그림의 기능 자체를 바꿔 버립니다. 그림을 그릴 때, 단순히 구도를 구상하거나 스토리를 부여하는 식으로 창의성을 발휘하는 것이 아니라, 예술가의 주관, 감정, 느낌을 표현하는 방식으로 변화한 것입니다. 그림에서 요구되는 창의성의 패러다임이 근본적으로 바뀌어 버린 것입니다.

이와 유사한 전환이 창의성에도 필요합니다. 창의성에 대한 개념, 창의적 결과물을 만드는 방법 등이 이전 시대와 여전히 동일하다면, 창의성은 AI의 전리품이 될 확률이 높습니다. 이제 우리가 마주해야 할 질문은 '어떻게 창의성을 부여할 것인가?'가 아니라, 'AI 시대에 창의성이란 무엇인가?'라는 질문입니다. 그전까지의 창의성 개념을 고수한다면, 승산 없는 싸움이 될 것입니다. 속도나 접근성의 측면에서 불리할 뿐만 아니라, 시간이 지날수록 방대한 데이터가 쌓이면서 AI가 만들어 내는 결과물이 질적인 측면에서도 인간을 앞서게 될 것이 자명하기 때문입니다.

창의성 있는 개인, 그리고 바로 그 창의성을 바탕으로 AI를 활용할 수 있는 사람이 되려면 창의성에 대한 새로운 접근이 필요합니다.

AI 시대의 창의성은
어떻게 다를까?
: 플래닝, 셀렉트, 에디팅

챗GPT로 기획하기

어느 날 한 지방자치단체에서 전화가 왔습니다. 시장님과 간부들이 모두 참석하는 확대 간부회의 후에 챗GPT 강연을 해달라는 요청이었죠. 한 가지 당부 사항이 있었는데, 실제 시정에서 활용할 만한 실무적인 적용 사례를 꼭 보여달라는 것이었어요. 그래서 강의를 앞두고 시청 홈페이지에 들어가서 어떤 업무에 적용하면 좋을지 살펴보았습니다.

마침 해당 시에서 경기도 체육대회를 개최하는데, 아직 홈페이지에 부대행사가 올라와 있지 않았습니다. 그래서 챗GPT로 경기도 체육대회의 부대행사를 기획하는 과정을 보여드리면 좋겠다고 생각했어요. 먼저 단도직입적으로 "경기도 체육대회에서 부대행사 할 만한 것을 추천해 줘."라고 프롬프트를 입력했습니다. 그랬더니 플리마켓, 필도장터, 댄스 경연대회같이 너무 뻔한 것들이 나오더라고요.

그래서 이번에는 "경기도 체육대회에서 부대행사로 할 만한 창의적인 행사를 추천해 줘."라고 '창의성'을 조건으로 걸었습니다. 그랬더니 드론 쇼, VR 체험 등 누가 봐도 예산이 많이 들고 시간이 오래 걸릴 만한 행사가 나왔어요. 체육대회까지 남은 시간이 많지 않은 상황이었고, 어떤 지자체라도 예산이 많이 소요되는 아이디어는 반길 것 같지 않아서 이런 이벤트들을 채택하긴 어려웠습니다. 그리고 사실 특별히 독창적이라는 생각도 들지 않았어요. 여기저기서 많이 하는 행사들이니까요.

챗GPT의 작동 방식이 방대한 데이터를 종합해서 평균적인 결과물을 도출하는 프로세스다 보니, 창의성을 요구한다고 해서 문자 그대로 창의적인 결과물을 내는 것은 아니더군요. 그런데 시장님과 고위급 간부들이 200여 명 이상 모이는 자리인데, 뻔한 부대행사를 제안하는 것은 아무래도 제 취향에도 맞지 않습니다. 그래서 아예 창의성을 지정하기로 했어요. '창의성 있는 결과물을 내줘.'라는 막연한 요청 대신 구체적인 키워드나 방법을 지정해서 창의적인 결과물을 만

AI 시대 창의적 인간

들기로 한 거죠.

그렇다고 제가 행사를 직접 고안하는 것은 아니고요, 창의성을 만드는 방법 중 시네틱스, 즉 '연결'을 써보려고 합니다. 우선 하나의 키워드로 '경기도 체육대회'를 선택했고, 이 단어와 연결할 또 다른 키워드가 필요했는데요. 정말 생각지도 못한 단어가 무엇일지 생각하다가 문득 '신발 끈'이라는 단어가 떠올랐습니다. 왜 이 단어인지 묻는다면 설명할 수 없습니다. 그냥 떠올린 단어니까요. 그래서 이 두 단어를 연결했을 때 일어나는 창발성을 기대할 수 있는 거잖아요.

원래 시네틱스 방법은 이렇게 두 단어를 놓고 스스로 그 연결점을 생각하는 방식이지만, 이번에는 그 작업을 AI에 맡겨보기로 했습니다. 황당한 단어라고 하더라도 괜찮습니다. 말도 안 되는 결과가 나오면 채택하지 않으면 그만이니까요. 그래서 "신발 끈이라는 키워드와 결합해서 개최할 만한 부대행사를 10가지 정도 제안해 줘."라고 명령어를 넣었어요. 그러자 망설임 없이 바로 10개의 아이디어가 나열되었습니다.

처음에는 '신발 끈'이라는 키워드가 생뚱맞다고 생각해서 뭐가 나올까 싶었는데, 막상 AI가 제안한 것을 보니 다 그럴듯했습니다. 무엇보다 준비에 큰 품이 안 들어가고, 그만큼 예산도 많이 들지 않을 것 같았어요.

이 중에 1번 '신발 끈 묶기 대회'를 조금 더 발전시켜 보기로 했습

당신
신발끈이라는 키워드와 결합해서 개최할만한 부대행사를 제안해줘. 10가지 정도

ChatGPT
결합하여 개최할 만한 부대행사 아이디어는 다음과 같습니다:

1. 신발끈 묶기 대회: 가장 빠르게 신발끈을 묶는 사람이 승리하는 경기.
2. 신발끈 아트 워크숍: 다양한 색상과 스타일의 신발끈으로 예술 작품 만들기.
3. 신발끈 패션쇼: 신발끈을 활용한 독창적인 패션 아이템 선보이기.
4. 신발끈 장애물 코스: 신발끈으로 만든 장애물을 통과하는 야외 활동.
5. 신발끈 기부 캠페인: 필요한 사람들에게 신발끈을 기부하는 사회 공헌 활동.
6. 신발끈 매듭 마스터 클래스: 전문가가 가르치는 다양한 신발끈 묶는 기술 배우기.
7. 신발끈 디자인 대회: 창의적인 신발끈 디자인을 경쟁하는 이벤트.
8. 신발끈 교환 시장: 다양한 스타일과 색상의 신발끈을 교환할 수 있는 장터.
9. 신발끈을 이용한 조각 전시: 신발끈으로 만든 조각품 전시.
10. 신발끈으로 연결되는 사람들: 참가자들이 서로의 신발끈을 묶어 하나의 큰 원을 만드는 단합 활동.

니다. 실제 행사를 기획하는 것이라면 조금 더 신중하게 여러 요소를 고려해서 결정했겠지만, 기획 샘플을 보여드리는 것이 목적이니까 빠르게 1번을 선택한 거예요. 일단 신발 끈 묶기 대회에 대해서 더 자세하게 설명해 달라고 했어요.

당신
신발끈 묶기 대회에 대해서 자세하게 설명해줘

ChatGPT
신발끈 묶기 대회는 참가자들이 주어진 시간 내에 신발끈을 가장 빠르고 정확하게 묶는 경기입니다. 이 대회는 속도, 기술, 그리고 정확성을 시험하는 재미있고 창의적인 이벤트로, 모든 연령대가 참여할 수 있습니다. 참가자들은 개인 또는 팀으로 경쟁할 수 있으며, 다양한 묶는 기술이나 스타일을 선보일 기회를 갖게 됩니다. 이 대회는 관람객들에게도 즐거움을 제공하며, 우승자에게는 상품이나 상장을 수여할 수 있습니다. 이러한 대회는 커뮤니티를 결속시키고, 신체 활동을 장려하는 동시에 창의력과 민첩성을 발휘할 수 있는 기회를 제공합니다.

신발 끈을 묶는 데 속도, 기술, 정확성까지 본다니 재미있는 이벤트네요. 가장 큰 장점은 행사가 캐주얼하고 별다른 기술이 없어도 되기 때문에 아이들도 쉽게 참여할 수 있다는 점입니다. 가족 간의 팀 대결이나 개인전도 가능하고, 격렬하지 않으니 부상 위험도 적고, 여러모로 안전한 가족 행사로 손색이 없습니다.

그런데 여기서 문득 이 행사의 의의가 필요하다는 생각이 들었습니다. 보통 지자체에서 주최하는 행사에는 명분이 필요합니다. 왜 이런 행사가 필요한지에 대해 '있어 보이는 이유'가 있어야지, 안 그러면 세금을 들여서 쓸데없는 짓 한다고 욕을 먹을 수 있으니까요. 그래서 보통은 의의나 명분을 먼저 정하고, 그에 맞춰서 행사를 기획하죠. 그런데 이번에는 창의적인 행사를 찾느라고 신발 끈이라는 생뚱맞은 키워드로 시작한 터라 명분을 만들기 어려웠습니다. 그래도 혹시나 싶어 챗GPT에 콘셉트를 만들어 달라고 했습니다. "신발 끈 묶기 대회와 경기도 체육대회라는 두 가지 행사를 연결할 만한 콘셉트를 만들어 줘."라고 입력했어요. 그랬더니 나온 대답이 정말 기가 막힙니다.

ChatGPT
"결속의 끈"이라는 컨셉으로 신발끈 묶기 대회와 경기도체육대회를 연결할 수 있습니다. 이 컨셉은 신발끈 묶기 대회를 통해 참가자들 사이의 협력과 단결을 강조하며, 체육대회 전반에 걸쳐 공동체 의식과 팀워크의 중요성을 부각시킵니다. 대회 개막식에서 신발끈 묶기 대회를 개최하여 참가자들이 함께 문제를 해결하고 목표를 달성하는 과정을 통해 서로를 더 잘 이해하고 연결될 수 있도록 합니다. 이는 경기도체육대회의 스포츠 정신과 잘 어울리며, 모든 참가자가 하나된 목표를 향해 나아가는 모습을 상징적으로 표현합니다.

협력과 단결, 공동체 의식과 팀워크를 강조하는 행사로 신발 끈 묶기 대회를 하는 것이고, 경기도 체육대회에 참여한 사람들(다른 시들)이 하나의 목표를 향해 나아가는 모습을 상징적으로 표현한다는 거잖아요. 약간 소름이 돋을 만큼 그럴듯한 콘셉트이었어요.

실제로 해당 지자체에서 강연할 때 이 의의를 보여드리자 '이거 해야 하는 거 아냐?'라는 이야기들이 웅성웅성 나왔습니다. 이쯤 되니까 저도 신발 끈 묶기 대회가 '그럴듯하구나' 하는 생각이 들더라고요. 그래서 이후 이어지는 구체적인 기획안, 구체적 행사 계획, 체크리스트, 타임라인, 예산 배정 등 여러 세부 문서를 보다 자신 있게 보여드릴 수 있었습니다.

플래닝 〉 플랜

처음에 "창의적인 안을 달라"는 요청에 챗GPT는 기대만큼 창의성 있게 반응하지 못했습니다. 그런데 "신발 끈과 연결시켜 부대행사를 기획해 달라"는 말에는 꽤 창의적인 대답을 해주었어요. 여기서 차이점은 바로 '질문'입니다. "신발끈과 연결시켜 달라"는 질문에 이미 창의성의 기초가 들어 있었고요, 이 작은 불씨만 있으면 챗GPT는 이를 횃불로든 모닥불로든 살려내는 역할을 할 수 있습니다. 하지만 작은 불씨조차 제공하지 않는다면, AI가 창의성의 큰 불꽃을 만들어 내기란 쉽지 않죠.

결국 AI의 창의성을 끌어내는 것은 사람입니다. 질문을 던지는 사람이 어떤 단어를 제시하느냐에 달려 있죠. 예전에는 단어가 제시되면 사람이 직접 연결점을 찾아 융합한 결과물을 만들어 내야 했습니다. 하지만 이제는 그 가장 힘든 작업을 AI와 나눠서 할 수 있게 된 것이죠. 단어를 제시할 때, 사전에 두 단어의 결합에 대한 결과를 어느 정도 예측하고 물어보는 게 아니에요. 오히려 그런 예측이 가능하다면 이미 창의적인 아이디어가 아닐 확률이 높습니다. 보통의 생각으로는 전혀 연결되지 않는 대상들을 연결했을 때, 그 낯섦과 위화감에서 새로운 것이 나오는 거거든요.

처음에 전체적인 차원에서 방향성을 제시하는 것, 즉 기획할 때 큰 방향성을 설정하는 것이 AI 시대 인간에게 필요한 창의성 중 하나라고 할 수 있습니다. 처음에 방향만 잘 잡아주면 그 방향을 따라 AI가 창의적인 결과를 만들어 주니까, 몇 번이고 새로운 시도를 해볼 수도 있습니다.

여기서 '플래닝Planning'과 '플랜Plan'의 차이를 인식해야 하는데요, 플래닝은 우리말로는 '기획'이라고 번역합니다. 그리고 플랜은 '계획'이죠. '기획'과 '계획'은 둘 다 목표를 설정하고 그 목표를 달성하기 위한 준비 과정을 포함하지만, 초점과 범위에서 차이가 있습니다. 간단히 말해서 기획은 큰 그림을 그리는 과정이고, 계획은 그 그림을 현실화하기 위한 구체적인 단계를 세우는 과정입니다.

기획은 목표를 설정하고, 이를 달성하기 위해 어떤 전략을 사용할지 결정하는 과정입니다. 즉 전체적인 방향성과 비전을 수립하고, 필요한 자원, 시간, 인력 등을 고려하여 큰 틀을 마련하는 단계입니다. 만약 영화 시나리오를 쓴다고 하면 영화의 전체적인 주제나 주요 인물 같은 큰 틀의 흐름을 짜는 거죠.

계획은 기획에서 설정한 목표를 구체적으로 실행하기 위해 세부 단계들을 설정하는 과정입니다. 일정, 할당된 자원, 수행할 작업 등을 명확히 하여 목표 달성을 위한 로드맵을 만드는 것이죠. 영화 시나리오에서는 세부적인 에피소드나 갈등 사건들을 구체적으로 만드는 과정에 해당합니다.

기획과 계획은 분리된 개념이라기보다는 같이 가는 것이죠. 만약 파티를 개최한다고 하면 '어떤 파티를 할 것인가?'에 대한 답이 기획이고, '어떻게 파티를 할 것인가?'에 대한 답이 계획입니다. 파티를 성공적으로 개최하려면 이 두 가지가 모두 필요하므로 한 가지를 취사선택하는 문제가 아니라는 것입니다. AI 시대의 창의적 결과물은 이 두 요소가 결합되어 만들어집니다. 다만 그 과정에서 분업화가 필요하죠. 인간이 남다른 방향성, 즉 기존에 없던 콘셉트와 같은 기획으로서의 창의를 설정하면, AI는 이에 맞는 구체적이고 세부적인 계획을

AI 시대 창의적 인간

제시해 줍니다. 이렇게 함께 창의적인 결과물을 만들어 가는 과정에서 인간이 맡아야 할 부분이 바로 기획입니다.

AI 시대에는 인공지능과의 협업에서 역할을 어떻게 나누느냐에 따라 창의성의 퀄리티와 효율성이 좌우됩니다. 인간은 더 잘할 수 있는 부분, 즉 기획에 집중하고 계획에서 필요한 세부적인 창의성은 AI에 맡기는 것이 더 효율적이죠.

셀렉트 〉 초이스

큰 틀의 기획에서 계획이 파생되었을 때, 그 결과물을 판단하고 필요한 것을 선택하는 판단력이 AI 시대 창의성에서 중요한 요소입니다. 가령, 시나리오에서 등장인물의 캐릭터를 설정한 후 AI를 사용해 에피소드를 생성했을 때, 그 에피소드가 과연 캐릭터를 매력 있게 잘 드러내는지 여부는 결국 사람이 판단하고 선택해야 합니다. 따라서 단순하게 선택한다는 의미의 '초이스Choice'보다 선별한다는 의미의 '셀렉트Select'가 더 적합합니다.

AI와 함께 창의성을 만들지만, 창의성이 주체는 여전히 인간입니다. 인간은 AI가 만든 결과물을 평가하고 선별하며, 이 선택에는 당연히 책임이 따릅니다. 시나리오뿐만 아니라 다른 것도 마찬가지입니다. 예를 들어, 문제 해결안을 만든다고 가정해 볼게요. 먼저 문제를 정확히 정의하고 그에 맞는 해결책을 제시해 달라고 했을 때, AI가 내놓은 결과물이 그다지 만족스럽지 않을 수도 있습니다. 하지만 AI의 장점은 이를 신속하게 시정하거나 추가적인 대안을 제시할 수 있다는 점이죠.

사람이 다양한 의견을 내려면 많은 시간이 필요합니다. 브레인스토밍은 사안에 대해 자유롭게 의견을 내면서 창의성을 찾아가는 과정이지만, 시간이 너무 많이 소요되기 때문에 현대의 비즈니스에서는 그다지 효과적이지 않습니다. 반면, AI는 빠른 시간 안에 결과물을 도출하기 때문에 시간을 절약할 수 있습니다. 특정 주제에 대해 100가지 아이디어를 요청하면 AI는 그 100가지를 빠르게 찾아주죠. 이 중에서 창의적이고 유용한 아이디어를 선별하는 것은 이를 지시한 사람의 몫이고요.

제시된 아이디어 중에 최선의 답을 하나만 선택할 수도 있고, 아니면 이 중에 2~3개의 아이디어를 섞어서 다시 새로운 아이디어를 만들어 낼 수도 있습니다. 때로는 선택한 아이디어에 자신의 경험을 더해서 최종안을 보완할 수도 있습니다. 예를 들어 앞서 신발 끈 묶기 대회를 채택한다고 했을 때, 아무래도 신발 끈 묶기 대회는 동작이 크거나 화려하지 않은 만큼 지켜보는 관객 입장에서는 재미가 없을 수 있거든요. 이런 예측이 바로 사람으로서의 경험에 근거한 판단이죠.

따라서 신발 끈 묶기 대회를 하되, 관객의 재미도 고려해서 사회자를 유머 감각이 뛰어난 개그맨으로 섭외하는 겁니다. 이런 식으로 보완책을 생각해서 진행에 박진감과 긴장감을 더할 수 있습니다.

뉴진스 하니가 부른
40년 전 일본 노래

선별 능력이 중요하게 작동하는 예로 K-Pop이 있습니다. K-Pop은 전 세계적인 인기를 얻고 있죠. BTS나 블랙핑크 같은 글로벌 스타는 말할 것도 없고, 한국에서는 덜 알려졌지만 해외에서 인기를 끌고 있는 K-Pop 그룹도 꽤 많습니다. 분쟁 문제로 아쉽게 해체되었지만, 중소 기획사 소속으로 전 세계적으로 큰 인기를 끈 피프티피프티 같은 그룹도 있었고요(정확히 말하면, 초창기 멤버들은 해체되었지만, 다시 결성된 2기 피프티피프티 그룹은 지금도 활동하고 있습니다).

재미있는 점은 K-Pop 곡의 작곡가나 작사가가 한국인이 아닌 외국인인 경우가 많다는 것입니다. 그룹의 멤버도 한국인으로만 구성된 경우보다 외국인이 섞여 있는 경우가 많고요. 예전에는 어떤 곡이 히트하면 작곡가들도 큰 명성을 얻었습니다. 작곡가의 능력, 창의적 시도, 명성 같은 것들이 성공에 중요한 역할을 했기 때문에 음반의 마케팅 포인트가 되기도 했죠.

하지만 최근 K-Pop이나 다른 장르에서 작곡자가 중심이 되는 경우는 그다지 많지 않습니다. 특히 아이돌 곡처럼 상업적인 노래에서는 더욱 그러한데요. 피프티피프티의 전 세계적인 히트곡 〈큐피드〉 같은 경우, 스웨덴 음악학교 학생 3명이 작곡한 것으로 알려져 있어요. 정식 데뷔한 작곡가도 아닌, 학생들이 '알바' 식으로 만들어 9,000 달러에 저작권까지 판매한 곡이라는 거예요.[34]

작곡자의 지분이 빠진 곳을 채운 것은 바로 프로듀서입니다. 전체 음반이나 그룹의 콘셉트를 누가 기획하고 프로듀싱했는지가 중요한 포인트가 되었죠. 거대 연예기획사인 JYP의 박진영 PD나 YG의 양현석 총괄처럼 프로듀서의 이름이 그대로 기업 이름이 되기도 합니다. 걸그룹 '뉴진스' 하면 떠오르는 인물도 민희진 대표죠. 그는 레트로 감성을 현대적으로 재해석해서 세계적인 히트곡을 만들어 냈습니다.

이 변화가 뜻하는 것에 바로 AI 시대 창의성의 비밀이 있습니다. 과거에는 창의성이 음악을 작곡하고 춤을 만드는 창작 행위 자체에 있다고 믿어 의심치 않았어요. 그래서 실제 퍼포먼스를 만드는 사람들인 작곡가나 작사가가 중요했죠. 하지만 지금은 그런 결과물을 만들어낼 수 있는 사람이 많아졌습니다. 이제 중요한 것은 다양한 곡 중에서 어떤 곡이 대중에게 어필할 것인지 정확하게 골라내는 선별 능력입니다. 그리고 선별한 곡을 그대로 사용하는 것이 아니라, 조금 더

다듬어서 발전시키기도 하죠. 음악에서는 이를 프로듀싱 능력이라고 합니다. 최근 들어 이러한 프로듀싱 능력이 더더욱 중요해지면서 프로듀서들이 K-Pop 창작의 주역이 되었습니다.

AI 시대에는 AI가 결과물 자체를 만들어 주기도 합니다. 수노^{Suno} 나 우디오^{Udio} 같은 AI 툴을 쓰면 아주 짧은 시간 안에 작곡, 작사를 하고, 심지어 가창까지 더해진 K-Pop 같은 결과물이 나와요. 마음에 드는 결과물이 나올 때까지 계속 생성하거나 여러 결과물을 조합해서 최적의 노래를 찾아내는 방식으로 하루 만에 곡을 만들 수도 있습니다.

이런 식으로 K-Pop 프로듀서들은 (아직은 사람에게 한정되지만, 사람 또는 AI에) 의뢰해서 나온 결과물(음악, 춤 등)을 선택하고, 이를 조합해 전체 콘셉트에 맞춰 다듬고 연결하여 패키징합니다. 이 과정이 바로 에디팅 작업입니다.

사회적 논란에도 불구하고 민희진 대표가 만든 걸그룹 '뉴진스'는 일본 론칭에서 큰 성공을 거두었는데요, 이때 화제가 된 것은 뉴진스 멤버 하니가 40년 전에 나온 일본 노래 〈푸른 산호초^{青い珊瑚礁}〉를 리메이크한 것이었죠. '한국어로 활동하는 베트남계 호주인 하니가 부른 40년 전 일본 노래'라는 이 복잡한 설명은, 유튜브나 인스타그램에 퍼진 당시 도쿄돔의 공연 영상을 보면 전혀 복잡하게 느껴지지 않았습니다. 젊은 세대는 참신함에, 나이 든 세대는 향수에 젖어 다들 음악을 즐기기에 바빴거든요. 이 리메이크 곡에서 새로운 것은 아무것

| 한 아이돌 가수가 돔 공연장에서 노래를 부르는 모습

도 없습니다. 심지어 하니는 원곡 가수인 마츠다 세이코가 노래할 때의 동작까지 그대로 따라 하려고 연구했다고 밝혔죠.[35]

  그런데도 대중들은 이 공연을 아주 창의적이고 신선하게 받아들였습니다. 이는 바로 프로듀싱의 힘입니다. 1990년대 일본 경제의 풍요로움을 상징하는 이 노래는 현재 엔저 때문에 어려움을 겪는 일본인들에게 단순한 추억이 아닌 희망의 노래로 다가왔습니다. 하니의 분위기, 목소리, 의상 등에서 청량감을 전달하는 동시에 40년 전 감성을 현대의 도쿄돔 무대에서 재현하면서 완전히 창의적인 무대가 되었죠.

AI 시대 창의적 인간

에디팅의 의미

앞서 AI 시대의 창의성을 설명하면서 프로듀싱을 언급했는데요, 프로듀싱이라는 말을 조금 더 일반적인 상황에 적용해서 풀어 쓰면 '선별, 구성, 편집'이라고 할 수 있습니다. 기획의 큰 틀에서 나온 구체적인 창작물이나 내용을 선별하고, 나아가 선별된 요소들의 순서를 재배치하고, 엉뚱한 맥락 사이에 던져 놓음으로써 새로운 의미를 창출해 내는 것이죠. 이것을 우리는 에디팅 능력이라고 부릅니다.

AI 시대에는 재료가 되는 정보와 결과물이 방대한 양으로 산출됩니다. 글, 그림, 음악, 영상 등 과거에 창의적이라고 여겨졌던 모든 것을 이제 AI로 쉽게 생성할 수 있어요. 물론 AI는 기본적으로 주어진 데이터와 알고리즘에 따라 작동하며, 이 과정에서 나온 결과물은 특정한 패턴이나 논리에 맞춰져 있기 때문에 창의적인 것이 아니라고 생각하는 분도 있을 거예요. 하지만 같은 작업을 수행할 때 인간의 두뇌에서 일어나는 일도 이와 크게 다르지 않습니다. 기존의 데이터를 바탕으로 패턴을 찾은 다음 거기서 약간의 변형을 가하는 정도지, 처음부터 끝까지 완전히 새로운 것을 창출하지는 않죠(이는 많은 유명 작곡가들이 표절 의혹을 받는 이유이기도 합니다. 의식적이든 무의식적이든, 기존의 결과물을 기반으로 창작하기 때문이죠).

이렇게 기본적인 재료를 섞고 조합해서 새로운 의미를 창출해 내는 것이 바로 에디팅 능력입니다. 오늘날 창의력은 AI가 생성하는 방대한 정보를 효과적으로 선별하고 재구성하는 능력에 달려 있습니다. 에디팅은 바로 이 과정의 핵심입니다.

에디팅은 또한 AI가 제공하는 데이터나 콘텐츠를 인간의 통찰력으로 맥락화하고 의미를 부여하는 작업입니다. 결과물을 맥락에 맞게 배치하는 것도 중요하지만, 여러 개의 결과물을 결합하여 새로운 맥락을 만들어 내는 것도 중요합니다. 따라서 AI 시대에 창의력의 핵심은 다양한 분야의 정보와 아이디어를 융합하고 통합하는 능력입니다. 에디팅은 이러한 융합과 통합의 과정을 가능하게 하고요.

AI 시대 창의성이 구현되는 4단계

창의성이 구현되는 프로세스를 정리하기 전에 먼저 알아야 할 것은 플래닝(기획)-셀렉트(선별)-에디팅(편집)으로 이어지는 과정에서 자칫 간과되기 쉬운 게 제일 앞에 위치한 분석Analysis 작업이라는 것입니다. 창의성의 구현 과정을 프로세스로 구축하려면 제일 앞에는 분석 단계가 나와 줘야 하죠.

그래서 AI 시대 창의성이 구현되는 프로세스를 4단계로 정리하면 분석Analysis, 기획Planning, 선별Selection, 편집Editing입니다.

1. 분석

에디팅 능력에서 가장 먼저 요구되는 것은 논리적 분석력입니다. 이 분석력으로 해야 하는 것이 바로 니즈 파악입니다. 현재 필요한 것에 대한 정확한 분석이 창의성 있는 결과물의 열쇠거든요. 민희진 대표가 뉴진스의 팬 미팅에서 〈푸른 산호초〉 무대를 별 뜻 없이 한번 해보자고 한 것은 아닐 거예요. 언론과의 인터뷰에서 민 대표는 "사실 반향이 클 것이라 예상하긴 했지만, 현장에서 마쓰다 세이코의 (전성기 시절) 응원법까지 튀어나왔을 땐 정말 놀라웠다. 공연하는 나라에 대한 문화적 존중을 기반으로 신선함을 드리고자 했다."라고 말했습니다.[36] 이는 반응을 충분히 예상하고 있었고, 〈푸른 산호초〉를 선곡하기 전에 철저한 분석 과정이 있었다는 뜻입니다.

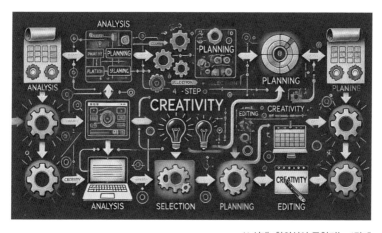

| AI 시대, 창의성이 구현되는 4단계

현재 필요한 것이 무엇인지 정확하게 분석하는 능력은 창의성의 초석입니다. 시대와 대중의 필요에 부합하지 않으면, 창의적인 결과물이 아닌 낯선 것으로 배척받게 됩니다. 물론, 낯선 것이 시대가 바뀌고 분위기가 변화함에 따라 필요해질 수 있지만, 그러한 필요가 끝까지 생기지 않는다면 그냥 낯설고 이질적인 것에 불과할 뿐이죠.

2. 기획

분석을 통해 시대의 요구와 대중의 니즈를 파악했다면, 이에 맞춰서 큰 틀의 콘셉트를 잡아야 합니다. 앞서 두 단어를 떠올렸던 과정과 비슷한 방식으로 콘셉트나 방향성을 만드는 것입니다. 이때 디테일에 지나치게 집중하기보다는 큰 범주 안에서 접근하는 것이 좋습니다. 그래야 다양한 가능성을 탐색할 수 있으니까요.

일반적으로 '누가, 왜, 무엇을'에 해당하는 내용이 사람이 하는 기획의 영역이고, '언제, 어디서, 어떻게'에 해당하는 내용이 AI가 하는 계획의 영역입니다. 큰 그림, 방향성, 기조 등에 집중하고, 이를 바탕으로 세부 계획을 도출하는 시도를 많이 해보아야 합니다. 그래야 AI와의 협업 작업에 익숙해지니까요.

3. 선별

그다음 요구에 맞춰 나온 다양한 정보와 콘텐츠를 선택하는 작업이 필요합니다. 이때 사회적 맥락이나 자신의 필요 등을 정확히 파악하고, 이러한 기준에 맞춰서 선택할 수 있다면 이를 선별이라고 할 수 있죠. 만약 대중에게 어필하려고 한다면 대중적인 선택을 해야 하고, 인기보다 효율적인 문제 해결을 원한다면 문제에 적합한 최적의 대안을 선택해야 합니다. 비용 절감이 목표라면 가장 경제적인 콘텐츠를 정확하게 가려내는 것이 중요하겠고요.

MC 유재석은 예능에서 음악 프로젝트를 진행하면서 스스로를 '탑백Top 100 귀'라고 칭하는데요,[37] 이는 음악을 직접 만들거나 노래를 잘 부르지는 못해도, 어떤 음악이 대중의 사랑을 받아 탑백 차트에 진입할지 기가 막히게 잘 안다는 뜻입니다. 실제로 유재석이 선택한 곡이 차트 상위권에 오르며 사랑을 받는 경우가 많고요.

이처럼 AI 시대에는 자신이 직접 콘텐츠를 만드는 것보다 이미 만들어진 콘텐츠를 정확하게 평가할 수 있는 능력이 훨씬 더 유용합니다. 정보와 콘텐츠가 홍수처럼 넘칠 미래를 생각하면, 이런 선별 능력은 앞으로 더욱더 중요해질 것입니다.

4. 편집

여러 정보와 콘텐츠를 방향에 맞게 생산하고, 그것들 가운데 선별을 한다고 다 끝난 것은 아니죠. 그렇게 선별된 정보와 콘텐츠를 다듬고 배치하여 창작자의 의도와 생각을 반영하는 작업이 필요합니다.

영국의 비평가이자 사회 사상가인 존 러스킨은 회화가 사진에 의해 위협받을 때, 사진은 예술이 될 수 없다는 주장을 펼쳤는데요. 그중에 한 대목이 눈에 띕니다.

"…예술은 인간의 의도에 좌우되는 인간의 작업이라고 정의할 수 있기 때문입니다. 그리고 인간의 의도, 다시 말해서 선택하고 배치하는 지성의 명증성이 작품의 핵심 부분입니다. 인간의 의도를 인지하지 못하면 예술에 대해 아무것도 인지하지 못하는 셈입니다."[38]

존 러스킨은 예술의 핵심을 인간의 의도대로 선택하고 배치하는 작업이라고 보았습니다. 사진은 이러한 의도 없이 객관적인 사실만을 담을 뿐이니 예술이 될 수 없다는 주장인데, 오늘날 사진에도 얼마든지 의도를 담을 수 있다는 점에서 사진에 대한 그의 생각은 틀렸다고 봐야 하겠죠. 하지만 그가 강조한 '선택하고 배치하는 지성의 명증성'이 바로 창의성 프로세스에서 '편집'이 의미하는 바와 일치하는 것은 분명합니다.

다른 사람에게 피드백을 줄 때 '긍정-부정'보다는 '부정-긍정'의 구성이 훨씬 더 효과적이라고 하죠. 같은 내용에서 순서만 바꿨을 뿐인데, 전자는 부정적인 느낌이, 후자는 긍정적인 느낌이 강해지기 때문입니다. 하지만 부정-긍정의 구성이 늘 유용하기만 한 것은 아닙니다. 팀장이 팀원에게 비판적인 피드백을 하면서 충격요법을 주려고 한다면, 긍정-부정의 구성이 더 효과적일 수 있습니다. 결국 어떤 맥락에서 어떤 의도로 말하느냐에 따라 최적의 구성은 달라집니다. 편집이란 바로 이런 작업입니다. 여러 결과물을 어떻게 배치하고, 어떤 식으로 구성하고, 어떤 맥락에 끌어오느냐에 따라 전체적으로 굉장히 창의적인 결과물을 얻을 수도 있고, 개별적으로는 참신하지만 모아놓고 보니 의외로 진부한 결과물이 될 수도 있습니다.

이 4단계의 프로세스가 반드시 순차적으로 진행되는 것은 아니지만, 단계를 설정하면 아무래도 매뉴얼적으로 접근하기 좋기에 이 책에서는 단계별로 구분했습니다. 무료로 사용할 수 있는 AI툴이 많으니, 이러한 단계에 맞춰서 결과물을 받아보고, 그 결과물을 선별하고 편집하는 연습을 해보는 것이 좋습니다. 그러면 AI와 함께 창의성을 만들어 가는 작업에 점점 익숙해지고, 효율성도 높아질 것입니다.

AI 시대의 창의성은
매니지먼트 능력

인간지능과 인공지능을
결합한 공동지능

AI 시대에는 인공지능을 잘 이용하는 사람이 결국 승자가 될 것이라고들 합니다. 그런데 AI를 잘 이용한다는 것은 단순히 다양한 AI 툴을 활용해서 생산성을 극대화하는 것을 말하는 게 아니에요. 그 정도는 이제 다들 하니까요.

　AI와 협업 체제를 구축하고 AI의 능력과 자신의 능력을 합해서 시너지를 내야 합니다. 그래서 저는 공동지능으로서 AI를 받아들일 정도가 되어야 '잘 이용'하는 것이라고 생각합니다. 이제 혼자만의 지능으로 세상을 살아가는 체재로는 경쟁력이 떨어지는 시대가 되었습니다. AI와 공동지능을 잘 구축한다면, 이는 단순히 두 명의 능력을 합치는 것을 넘어 혁신적인 성과를 이끌어낼 수 있습니다.

미국의 유통업체 월마트^{Walmart}는 AI를 전사적으로 도입해서 역대급 실적을 기록했습니다. 월마트의 CEO 더그 맥밀런^{Doug McMillon}은 미디어와의 인터뷰에서 "생성형 AI를 활용하지 않았다면 해당 작업을 완료하는 데 현재 인력의 약 100배가 필요했을 것"[39]이라고 말했습니다. 월마트는 공급망 관리, 재고, 유통, 자동 지게차, 자동 결제 등 그야말로 거의 모든 분야에 AI를 도입했습니다. 특히, 공급업체와의 협상처럼 의사결정이 중요한 영역에서도 협상 챗봇 AI를 도입하고 약 10만 개 공급업체와의 협상을 자동화했습니다. 원하는 제품의 단가와 납품 일정 등을 입력하면 AI가 협력업체들을 검색한 후에 가장 적합한 조건의 업체에 자동으로 제안하고 협상하는 과정까지 원스톱으로 끝내게 됩니다. 그 결과, 지루하게 끌면 몇 달까지 걸리던 협상 기간이 며칠 내로 단축되었고 2,000건의 협상을 동시에 진행하면서 생산성이 크게 향상되었습니다. 무엇보다도 공급업체의 만족도가 75퍼센트에 달했습니다.[40]

AI와 공동지능을 구축한다면 그 성과는 100배까지는 아니더라도 최소한 10배 이상 향상될 것입니다. 한국개발연구원^{KDI}에 따르면, 2030

년에는 인공지능으로 업무의 90퍼센트를 자동화할 수 있는 일자리가 전체 일자리의 90퍼센트에 달할 것으로 전망합니다.[41] 실제로 이런 수치는 이미 현실화되고 있습니다. LG 이노텍은 불량품을 잡아내는 인공지능 기술을 주요 그룹사 제조 공장에 도입했는데, 기존 데이터를 활용해 불량품 선별 프로세스를 구축하는 데 걸리던 시간을 뜻하는 '리드 타임Lead Time'을 AI 비전vision 검사를 통해 90퍼센트나 단축했습니다. 불량품을 선별하는 데 투입되던 검사원 수도 90퍼센트가량 감축했다고 하고요.[42]

창의성을 만들어 가는 것도 마찬가지입니다. AI와 협력하여 창의성을 공동으로 만들어 간다면 단순히 1.5배 정도의 성과가 아니라, 10배에 달하는 효과를 얻을 수도 있습니다. 수많은 창의적 대안에 빠르게 접근할 수 있기 때문입니다.

90퍼센트라는 숫자가 극단적으로 보이긴 합니다. 조금 더 보수적인 예측에서는 이보다 낮은 수치를 예상하지만, 주목할 점은 아무리 인력을 감축하더라도 최소 10퍼센트의 인력은 반드시 살아남는다는 사실입니다. 이 10퍼센트의 사람들은 AI를 활용해 창의성과 생산성을 극대화한 사람들입니다. AI가 아무리 발전하더라도 이들은 반드시 살아남아 대체할 수 없는 인력이 됩니다. 그만큼 보상도 후하게 받을 수 있고요.

크리지먼트

AI 시대의 창의성은 앞서 설명한 분석-기획-선별-편집의 4단계인데, 이 중에서 가장 핵심적인 것을 하나 꼽자면 에디팅 능력, 즉 편집 능력이라고 말할 수 있습니다. 그리고 조금 더 포괄적인 관점에서 보면, 이 4단계에 조금 더 많은 의미를 합한 것을 '매니지먼트' 능력이라고 할 수 있습니다.

매니지먼트는 한국의 일터에서 좁은 의미로 쓰이다 보니 단순히 인력 관리 능력 정도로 인식되는 경우가 많지만, 본래의 의미는 주어진 목적에 맞춰 업무를 효과적으로 수행하도록 여러 가지 사항을 체계적이고 과학적으로 처리하는 것을 뜻합니다. 여러 요소를 적절하게 배치하고, 효과적으로 운영하여 생산성과 효율성을 극대화하는 것이 매니지먼트이기도 하죠.

창의성 역시 이러한 매니지먼트 프로세스를 통해 효과적으로 발현될 수 있습니다. 사람과 AI가 매니지먼트의 단계를 거쳐서 보다 빠르고 다양한 아이디어를 만들어내는 과정을 '크리에이티브 Creative'와 '매니지먼트 Management'를 합친 '크리지먼트 Creagement'라는 용어로 부르는 것은 어떨까 제안해 봅니다.

크리지먼트는 창의성이라는 개념이 AI 시대 이전과 이후로 나뉜다는 선언과 같습니다. 당연히 타고나는 재능이나 개인의 특출남을 기

| 크리에이티브와 매니지먼트를 합친 개념인 크리지먼트

반으로 한 과거의 창의성과는 거리가 멀고, 근대 이후에 발전한 만들어지는 창의성의 개념과도 다릅니다.

창의적인 결과물을 만들기 위해 관점을 전환하고, 서로 관계없는 개념을 연결하여 창발성을 유발하는 과정이 형식이라면, 그런 형식만으로 생각이나 개념이 창출되는 것은 아니거든요. 이 과정에서 생각과 개념을 창출하는 것은 여전히 사람의 몫입니다. 따라서 이 단계에서 개인차가 크게 날 수밖에 없어요.

창의성 교육에서 기존의 결과물들이 어떤 과정을 통해 나왔는지 알려주면 사람들은 신기하고 재미있어합니다. 하지만 그 반대의 과정을 거쳐서 직접 창의적인 결과물을 만들어 보자고 하는 제안에는 어려워하죠. 같은 경로로 만든 것인데도 사람마다 결과물이 제각기 다르고요. 바로 이러한 결과물을 만드는 방법을 배우고 싶은 것인데, 교육하는 강사 자체도 그렇게 창의성 있는 사람처럼 보이지 않거든요. 이론은 있지만 실전은 결국 개인의 능력으로 치러야 하기에 어렵게 느껴집니다.

크리지먼트는 형식을 지정하고 큰 방향만 제시해 주면, AI가 세부적인 내용을 만들고 인간은 그 결과물을 평가하고, 선별하고, 배치해서 창의성을 만들어 낸다는 개념입니다. 이 일련의 과정을 크리지먼트라고 하는 것인데요, 평가와 선별 등에서 개인의 능력과 센스가 필요하긴 하지만, 창의적인 결과물을 처음부터 끝까지 혼자 만들어내야 하는 것에 비하면 훨씬 수월할 겁니다.

이건 마치 제 전작인 《똑똑한 사람은 어떻게 생각하고 질문하는가》에서 과거에는 질문과 답변의 시대였지만, 생성형 AI가 등장한 이후 질문만 하는 시대로 변화했다고 말한 것과 같은 맥락인데요.[43] AI 이전에는 사람들이 스스로 질문을 만들고, 그 질문을 바탕으로 검색해서 통찰을 얻었습니다. 그러니까 검색해서 나오는 단편적인 지식들을 연결해서 인사이트를 도출하는 것은 개인의 역량에 달려 있었죠. 이것이 바로 질문과 답변의 시대이고, 이때는 '통찰', '통섭', '인사이트' 같은 말들이 유행했습니다.

그런데 AI가 대중화되면서 이제는 누구나 쉽게 인사이트를 얻을 수 있는 시대가 되었습니다. 이제 질문만 잘하면 AI가 여러 가지 인사이트 있는 답변을 제공합니다. 사람은 그 답변을 평가하고 약간 수정하는 정도만으로도 통찰력 넘치는 답을 가진 사람이 될 수 있죠.

마찬가지로 창의성도 AI를 잘 활용하면, 누구나 과거에 창의적이라고 평가받던 사람들의 능력치에 근접할 수 있다는 것이죠. 그래서 창의성이 보편화되는 AI 시대, 진정한 (혹은 새로운) 창의적 결과물을 산출하는 방법이 바로 크리지먼트가 되는 것입니다.

맥락과의 상호작용에서 도출되는 창의성

창의성을 만들어 내는 프로세스를 크리지먼트라고 할 수 있는데요, 크리지먼트에는 앞서 4단계에서 언급한 능력 외에도 조금 더 넓은 범위의 능력이 포함됩니다. 바로 외부와의 상호작용입니다. 재배치나 재구성을 통한 결과물의 창의성도 중요하지만, 그 결과물이 어떤 맥락에서 사용되느냐에 따라 다르게 느껴질 수 있기 때문이죠. 예를 들어, 만화를 창의적으로 만드는 것은 내용적인 측면뿐이라고 생각하기

●   스타트업 출구 전략. 기업 가치의 현금화를 뜻한다. 새로운 아이디어로 시장을 개척한 후 기업 공개 및 상장, 인수합병, 매각, 청산 등을 통해 투자자가 기업에 투자했던 자금을 회수하는 것이다.

쉽지만, 그 만화를 새로운 기술에 맞춰 웹툰이라는 새로운 시장을 만들어 낸 것은 맥락에서 도출한 창의성이라고 할 수 있습니다.

음식 배달 앱인 '배달의 민족'을 창업한 후에 성공적으로 엑시트 Exit • 한 김봉진 전 의장은 가장 힙한 성수동에 커피믹스를 판매하는 매장을 열었습니다. 이어서 안국동에 또 다른 매장을 열어 확장 중이고, 가장 트렌디한 상품들이 경쟁하는 '더현대 서울'에서 팝업 스토어를 열기도 했습니다.[44] 그런데 이 커피믹스는 우리가 익히 아는, 특별히 다를 게 없는 커피믹스 맛이라고 합니다. 익숙한 커피믹스를 현대적인 디자인과 트렌드에 맞춰 새로운 맥락에서 판매하니까 새롭고 참신해 보이는 것이지, 커피 맛 자체는 별 차이가 없다는 것이죠.

이 사례에서 확실하게 알 수 있는 것은 내용 자체는 창의적이지 않

❘ 뉴믹스의 더현대 서울 팝업을 홍보하는 공식 인스타그램[45]

더라도, 생각지도 못한 맥락에 가져다 놓는 것만으로도 창의성을 내뿜을 수 있다는 것입니다. 이처럼 크리지먼트는 조금 더 현실적인 창의성을 의미한다고 볼 수 있습니다.

크리지먼트는 이질적인 맥락에 적용할 때뿐만이 아니라, 오프라인을 온라인으로 전환하는 디지털 트랜스포메이션Digital Transformation• 과정에서도 발현됩니다. 오프라인의 매장이나 사업을 온라인에 적용할 때, 별다른 고민 없이 기존 방식을 그대로 적용해서는 안 됩니다. 온라인과 오프라인은 소비자층이 다르기 때문에 서비스부터 마케팅 방식까지 모두 바뀌어야 하죠. 만약 식당을 운영한다면 보통 요식업에서 가장 중요한 요소는 '목'입니다. 즉 어디에 자리 잡고 있느냐 하는 입지인데요. 온라인상에서는 목이라는 개념 자체가 없죠. 홍보 방법은 그저 플랫폼에 돈을 내고 광고해서 앞 단에 뜨는 것뿐인데, 그만큼 광고비가 많이 들기 때문에 이름을 알리는 초창기라면 몰라도 계속 그와 같은 방식으로 영업을 할 수는 없습니다. 따라서 디지털 트랜스포메이션 과정에서는 필연적으로 새로운 사용 패턴이 수반될 수밖에 없습니다.

이 상황을 마케팅에 적용하면, 디지털 마케팅이 아닌 온라인과 오프라인이 믹스된 메타 마케팅인 셈입니다. 메타 마케팅은 마케팅의

• 디지털 역량을 활용해 기업의 전략, 조직 구조, 프로세스, 문화, 시스템, 커뮤니케이션, 비즈니스모델 등을 획기적으로 변화시키는 경영전략

구루라고 알려진 필립 코틀러$^{Philip\ Kotler}$의 저서 《필립 코틀러 마켓 6.0》에서 그가 핵심 요소로 꼽은 개념이기도 합니다.[46] 온라인 이벤트를 통해서 오프라인 장소와 연결하는 방법은 기존의 마케팅 방법이 아니기에, 필연적으로 참신한 시도가 될 수밖에 없습니다.

창의성을 관리한다

크리지먼트는 창의성을 실제로 만들어 내는 것이라기보다는 창의성을 관리하는 개념입니다. 창의적인 결과물을 만들어 내는 각 분야의 AI들이 고도화되고 대중화될수록 더욱 절실하게 필요한 개념이자 능력입니다. 이는 마치 실무자가 관리자로 넘어가는 것과 같은 획기적인 전환이죠. 혹은 선수가 감독이나 코치가 되는 변화와도 비슷하고요.

　나이가 들어서도 프로 선수로 뛰는 경우도 있습니다만, 대부분의 선수들은 나이가 들면 아무래도 경험만으로 커버하기 힘든 신체의 한계를 느끼게 됩니다. 리오넬 메시$^{Lionel\ Messi}$와 크리스티아누 호날두$^{Cristiano\ Ronaldo}$는 세계 최고의 인기를 다투는 축구 선수들이지만 현재는 가장 치열한 유럽 리그가 아닌, 미국과 사우디 리그에서 뛰고 있죠. 반면 메시보다 10살 어린 엘링 브레우트 홀란$^{Erling\ Braut\ Haaland}$은 치열한 영국 리그에서 늘 득점왕 후보고요.

메시와 호날두는 특별한 경우고, 대부분의 축구 선수는 35세가 넘으면 슬슬 은퇴하거나 코치직으로 넘어갈 준비를 해야 합니다. 40세가 넘어서도 끝까지 선수 역할만 고집하고 다음 스텝을 준비하지 않으면 도태되기 쉽습니다. 현재 AI와의 경계가 그렇습니다. AI가 창의적인 결과물을 쉽게 생산하고, 많은 사람이 AI를 대중적으로 편리하게 이용할 수 있다면 창의성 플레이어로서 경쟁력을 계속 유지하기는 힘들어질 것입니다. 이제는 플레이어로서 역할은 AI에 맡기고, 각각의 퍼포먼스를 어떻게 조합하여 팀으로서 최고의 성과를 끌어낼지 고민하는 감독의 역할로 전환해야 할 때입니다.

인간의 창의성은 그래서 골로 이야기되는 것이 아니라, 승으로 이야기됩니다. 즉 개별 아이디어보다 그 아이디어를 어떻게 활용해서 어떤 결과와 효과를 만들어낼지가 더 중요합니다. 그렇게 생각하면 이게 더 실용적인 관점인 것이죠.

그런데 그동안 창의성을 논할 때 우리는 플레이어로서의 창의성, 즉 '어떻게 창의적일 것인가'라는 기술적인 측면에만 집중했습니다. 이제는 디렉터로서의 창의성, 즉 '결과물을 어떻게 배치하고, 어떻게 각각의 창의적인 퍼포먼스들을 활용해서 전체적인 효과를 극대화할 것인가'를 고민해야 합니다. 그러려면 기존의 창의성 개발 방법이 아닌, 다른 방법으로 디렉팅 능력을 향상해야 하죠.

화려한 선수 시절을 보냈지만 감독으로서는 뛰어난 역량을 보여주지 못한 사람들이 많았습니다. 반대로 초라한 선수 시절을 보냈지만, 감독으로서 최고의 성과를 낸 사람들도 많았죠. 창의성의 기준과 요구가 바뀌어 가는 이 시점에서 그러한 반전이 일어날 수 있습니다. 그동안 창의적이었던 사람들이 AI와의 경쟁에서 뒤처질 수 있고요, 지금까지는 두각을 나타내지 못했던 사람들이 AI를 이용해서 새로운 기회를 잡고 치고 나올 수도 있어요.

다음 장에서 제시하는 '관리하는 창의성'이라는 측면의 계발 방법을 연습하고, 훈련하고, 실전에 적용해 보면서 AI 시대에 누구보다 창의성을 잘 관리하고 만들어 내는 사람이 되시기를 바랍니다.

Part 4

창의성 3.0
: AI 시대의 창의성,
크리지먼트

트렌드와 니즈 파악
: 분석

반드시 필요한 AI와의 공조

크리지먼트는 AI 시대의 창의성의 대체품이라기보다는 창의성 그 자체라고 할 수 있습니다. 창의성이라는 개념이 확장되는 것으로, 창의적 결과물의 생성부터 편집, 운용까지 모든 과정을 통합하는 매니지먼트를 포함한 개념이 되는 것입니다.

따라서 AI 시대의 창의성, 즉 크리지먼트는 가다듬고 발전시킬 수 있는 가능성이 상당히 높습니다. AI와의 협력 체계를 구축하는 데다 매니지먼트 개념이 들어가 조금은 매뉴얼적일 수도 있는 부분들이 있으니, 관심과 의지만 있다면 얼마든지 발전시킬 수 있죠.

AI의 데이터 분석과 알고리즘으로 콘텐츠와 정보들이 쏟아지는 시대에 경쟁력을 가지려면, AI만으로 양산되는 산출물과 차별화된 무언가가 필요합니다. 하지만 온전히 인간의 생각과 능력만으로 만들어지는 산출물은 속도와 품질 면에서 한계가 명확합니다(사실, AI가 만들어 내는 창의력을 뛰어넘는 인간은 상위 몇 퍼센트에 불과하며, 보통은 AI의 산출물보다 품질 면에서 낫다는 보장이 없어요).

따라서 AI와 인간이 협력해서 만들어 내는 창의성만이 경쟁력을 갖는 거죠. 일단 일정한 퀄리티를 담보하는 데다 그 결과물을 편집·배치·사용하는 과정에서 참신함을 만들어 낼 수 있기 때문에 알고리즘에 의해 평균적으로 생성되는 산출물과는 다릅니다. 게다가 마지막 순간에 인간의 실전 경험을 한 스푼 더하면, 이론적으로만 완성된 AI의 결과물에 생명력을 불어넣을 수 있습니다.

사실 AI와 함께 창의성을 만들어 가는 새로운 방식의 창의성 발휘법을 받아들이지 않으면, 이제 AI에 의해 대체되는 인력에 자신의 이름이 호명될 수 있는 시점이기도 합니다. AI 성능은 갈수록 상향평준화되고, 단순하게 AI를 사용하는 사람도 어느 정도 수준의 결과물을 만들어 낼 거거든요. 그래서 업무에 AI를 활용히면서 경험을 쌓아가는 사람과 그렇지 않은 사람 간의 속도와 기술 격차는 점점 더 벌어질 수밖에 없는 거죠.

창의적인 결과물들은
물꼬를 트는 것

과거에는 물건을 대량으로 생산하고, 매스 마케팅을 통해서 판매를 극대화하는 전략이 주를 이루었습니다. 하지만 최근의 생산관리는 제일 먼저 수요 예측부터 시작합니다. 유통·물류 업체들이 IT 기술을 도입해서 가장 큰 성과를 내고 있는 부분이 바로 데이터를 수집한 후, 수집한 데이터의 패턴을 파악하여 AI의 알고리즘을 활용하는 수요 예측입니다.

"세상의 모든 것을 판매한다"는 모토 아래, 글로벌 거대 기업으로 떠오른 유통계의 강자 아마존은 '예측 배송'이라는 시스템을 개발했습니다. 미국을 주 사업 무대로 하는 아마존은 주문한 지 하루 만에 배송되는 한국과 같은 배송 시스템을 구축할 수 없습니다. 미국의 50개 주 중 하나인 텍사스의 면적만 해도 한국의 약 7배에 달하거든요.[1] 이렇게 땅덩어리가 넓다 보니, 몇 개의 물류 센터에서 출발한 물건이 하루 이틀 내에 배송지에 도착할 수 없는 거죠. 이래서야 추가 요금을 더 받아가며 아마존 프라임이라는 특급 배송 서비스를 운용할 수는 없죠. 이 문제를 해결하고자 아마존에서는 수학, 통계학, 컴퓨터공학, 심리학 등 다양한 분야의 전문가들이 모여 고객들의 구매 데이터를 바탕으로 구매 패턴을 파악하는 연구를 합니다. 이를 통해 어떤 고객

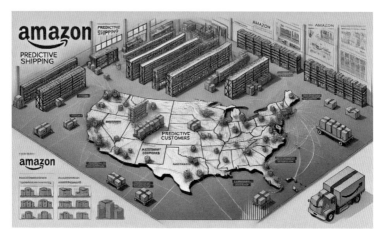

| 아마존의 예측 배송 시스템

이 미래에 어떤 물건을 주문할지 예측하고, 이에 맞춰 물품을 미리 포장하여 고객과 가까운 물류 창고에 보내는 시스템을 구축합니다. 그리고 고객이 실제로 그 물품을 주문하면 바로 배송하는 거죠. 예측 배송 시스템에 대한 기술력을 얻은 후 아마존은 2014년에 일찌감치 '예측 배송Anticipatory Shipping' 시스템 특허를 취득했습니다.[2]

이때부터 이미 시스템이 갖춰지고, 이후로 더 많은 데이터가 축적되고 예측 분석이 정교화되면서 미국에서 아마존을 이길 수 있는 유통 플랫폼은 더 이상 나올 수 없게 되어 버렸죠. IT 시대의 핵심 경쟁력인 데이터의 양 자체가 크게 벌어졌거든요.

아마존의 성공 요인 중 하나는 고객이 주문하기에 앞서 고객에게 필요한 것이 무엇인지 아는 예측 시스템이었습니다. 사실 현대 사회

AI 시대 창의적 인간

의 많은 비즈니스에서 이처럼 데이터에 기반한 예측이 성공의 중요한 열쇠가 되고는 합니다. 소비자의 니즈를 정확히 파악하면, 제조업은 그에 맞춰서 필요한 상품을 적절하게 생산할 수 있고, 콘텐츠 비즈니스라면 대중들이 원하는 콘텐츠를 만들어 낼 수 있습니다.

마케팅은 없던 니즈를 만들어 대중에게 새로운 니즈를 심는 작업이라고 할 수 있는데, 이보다 효과적인 것은 이미 존재하는 니즈를 명확하게 파악해서 필요한 사람에게 적시에 공급하는 것입니다. 결국 비즈니스의 핵심은 '니즈 파악'입니다.

현대 사회에서 필요한 창의성은 창의적 문제해결력처럼 지극히 실용적이고 비즈니스적인 측면에서의 창의력입니다. 따라서 어떤 수준에서, 어느 정도의 창의성이 필요한지를 정확하게 파악할 필요가 있습니다. 현대인들이 원하는 것을 반 발짝 앞서 파악하고 이에 맞춰 공급한다면 너무 앞서가거나 너무 뒤처지는 우를 피할 수 있습니다.

창의적인 결과물은 대중을 선도하는 것이 아니라, 대중의 생각과 흐름이 향하는 방향으로 물꼬를 트는 것입니다. 그래서 어느 쪽으로 물이 흐르고 있는지를 아는 것이 우선이죠. 그러려면 대중들의 생각과 행동, 그에 따른 트렌드의 흐름을 파악하는 것이 중요합니다.

대중의 니즈와 트렌드를 파악하는 데 필요한 능력으로는 관찰력, 문해력, 분석력, 소통 능력, 공감 능력, 호기심, 디지털 리터러시 등이 있습니다. 그렇다면 각각의 구체적인 의미와 그 능력을 향상시키는 방법이 무엇인지 알아보겠습니다.

1. 관찰력 Observation Skills

관찰력은 주변에서 일어나는 상황, 사람들의 행동, 시장의 변화 등을 세심하고 주의 깊게 보는 능력입니다. 관찰력이 좋으면 다른 사람보다 더 많은 정보를 얻게 되고, 판단할 때 다른 사람들보다 더 풍부한 정보를 바탕으로 예측할 수 있게 되죠.

셜록 홈스가 추리를 할 때 돋보이는 점도 바로 이 관찰력입니다. 그는 담배꽁초, 필체, 특이한 어휘, 비상식적인 증인의 반응 등 다양한 현상을 주의 깊게 관찰하고, 이러한 정보들을 종합해 결론을 내립니다. 아무도 관심 갖지 않았던 사소한 단서가 사건의 실마리가 되곤 하는데, 그 단서를 캐치한 사람은 관찰의 힘을 발휘한 셜록 홈스뿐이죠.

주식을 하는 사람 중에는 일상에서 대중이 어떤 물건을 많이 쓰는지 관찰하고, 그 물건을 생산하거나 유통하는 회사의 주식을 사는 분들이 있습니다. 주의 깊은 관찰력은 남들보다 더 많은 것을 보게 하고, 더 많은 것을 알게 해주죠. 그것이 결국 유리함으로 작용하고요.

배우들은 연기력 증진을 위해 타인을 관찰하는 훈련을 한다고 합니다. 주변 사람들의 행동, 표정, 목소리, 말투 같은 것들을 관찰하고 이를 따라 해보면서 연기력을 키우는 거예요. 마찬가지로 관찰력을 기르려면 꾸준한 훈련과 노력이 필요합니다.

평소에 일상의 한 장면이나 특정 사건을 복기해 보고, 눈에 보이는 것들을 말로 환언해 보면서 세부적인 요소나 미세한 변화를 기억하려고 노력해 보세요. 이런 훈련을 조금 더 기술적으로 하고 싶다면, 다음과 같은 방법들을 시도해 볼 수 있습니다.

관찰력을 기르는 방법

1) 관찰 기록: 매일 관찰한 것들을 일기처럼 기록하여 세심하게 바라보는 습관을 기릅니다. 관찰한 내용을 메모하고, 정리하고, 기록함으로써 다시 한번 상기하고 집중력을 끌어 올릴 수 있습니다.

2) 사진 찍어 비교하기: 일상에서 흥미를 끄는 대상이나 특별한 순간을 사진으로 기록한 후, 어느 정도 시간이 지나고 나서 자신의 기억을 복기해 봅니다. 그다음 사진과 맞춰 보면서 자신의 관찰력이 얼마나 정확했는지 점검해 볼 수 있습니다.

3) 관찰 게임: 사람들의 행동이나 환경의 미세한 변화를 찾아내는 게임을 하거나 '숨은그림찾기'와 같은 활동을 통해 관찰력을 훈련합니다.

2. 문해력 Literacy

문해력은 글을 읽고 이해하며, 그 내용을 해석하고 비판적으로 분석하는 능력을 말합니다. 이는 단순히 글을 읽는 것을 넘어서 텍스트의 의미를 정확히 파악하고, 그 정보를 바탕으로 자신의 생각을 형성하며, 나아가 필요한 행동을 할 수 있는 능력을 포함합니다. 흔히 문해력 문제를 이야기할 때 어휘를 모르는 것을 지적하지만, 문맥적인 이해력이 부족한 것이 더 큰 문제입니다. 예를 들어 '고지식하다'는 표현은 융통성이 없고 꽉 막힌 성격을 말하는데요, 이 말이 '지식이 높다'는 뜻으로 잘못 쓰이는 경우도 있다고 하죠. 하지만 생각해 보면 서로 언쟁하다가 '생각이 너무 고지식한 거 아냐?'라는 맥락에서, 갑자기 상대방을 수준 높다고 칭찬할 리가 없잖아요. 외국어로 이야기해도 우리가 욕설을 금방 알아듣는 이유는 어조, 분위기, 표정 등 다양한 맥락 때문이거든요. 문해력의 진짜 문제는 어휘를 모르는 것이 아니라, 맥락을 제대로 이해하지 못하는 겁니다.

문해력을 기르는 방법

1) **정기적인 독서**: 소설, 실용문, 신문, 잡지 등 다양한 장르의 글을 읽으면 문해력을 전방위적으로 향상시킬 수 있습니다. 다양한 텍스트를 접하며 어휘력, 독해력, 비판적 사고를 동시에 기를 수 있죠. 시

간이 있을 때 독서하겠다는 생각은, 내일부터 운동을 시작하겠다는 말과 비슷합니다. 여유 시간은 영원히 생기지 않습니다. 시간을 따로 내서 주기적으로 읽는 것을 목표로 하거나, 매일 또는 매주 일정한 분량을 읽는 습관을 들여야 합니다.

2) **영상이나 매체 요약:** 영화, 드라마, 예능, 다큐멘터리 등을 시청한 후, 그 내용을 글로 요약하거나 감상문을 작성하는 연습을 해보세요. 의외로 타인에게 자신이 본 것을 전할 때 핵심과 재미를 두루 살리면서 전하는 것이 쉽지 않습니다. 그런 부분을 요약하고 정리하는 연습을 해보는 것이죠.

3) **모임이나 토론 참여:** 특정 주제에 대해 다른 사람들과 토론하면서 자신이 얻은 정보를 바탕으로 의견을 형성하고 수정하는 경험을 쌓습니다. 친구들이나 직장 동료들과 하는 일상적이고 뻔한 내용의 대화가 아닌, 지적인 도전이 될 만한 독서 모임 같은 것을 해야 합니다. 다른 사람의 말에서 맥락을 읽어내고, 자신이 하고 싶은 말의 핵심을 전달하며, 비판적이면서도 건설적인 토론을 경험해 보는 것이죠.

3. 분석력 Analytical Skills

분석은 사물이나 사건을 요소별로 하나하나 뜯어보는 것입니다. 영화를 분석할 때 줄거리, 연기, 특수 효과 등 다양한 측면에서 살펴보듯이, 분석력이란 기본적으로 전체 사건이나 대상을 요소별로 나누어 볼 수 있는 시각을 말합니다. 하지만 거기서 그치면 그야말로 해체만 하는 것이고요, 그렇게 해체한 요소를 다시 모아서 전체적으로 어떤 의미를 지니는지 제시해야 합니다. 조금 더 정제된 언어로 표현하면, 분석력은 수집한 데이터를 논리적으로 구조화하고, 패턴을 발견하며, 그 데이터를 통해 의미 있는 결론을 도출하는 능력입니다.

분석력은 단순히 보는 것을 넘어서 눈에 보이는 것 뒤에 숨겨진 의미나 패턴을 인식하는 능력이 포함되기 때문에 복잡한 문제를 해결하거나 미래의 트렌드를 예측하는 데 매우 중요한 역할을 합니다.

분석력을 기르는 방법

1) **사례 연구**: 성공하거나 실패한 비즈니스 사례를 분석하면서 왜 그런 결과가 나왔는지 연구해 볼 수 있습니다. 경영이나 마케팅 관련 책들은 대부분 사례 연구 형식으로 되어 있기 때문에 이러한 책들을 통해 분석적인 시각을 배울 수 있습니다.

2) **영화, 소설 분석**: 문화적인 취향이 있다면 영화, 소설 등 평론가들이 쓴 리뷰를 살펴보는 것도 좋은 훈련이 됩니다. 평론가가 분석한 글을 읽고 자신의 의견과 비교해 보면서 분석력을 기를 수 있습니다.

3) **퍼즐 풀기:** 퍼즐, 문제 해결 게임 등을 활용하면 복잡한 문제를 단계별로 해결하는 논리적 사고를 기를 수 있습니다. 특히 IQ 문제라고 알려진 것들은 귀납적인 패턴 찾기 문제인 경우가 많습니다. 그런 문제들을 재미있게 풀어보면서 분석을 훈련해 볼 수 있습니다.

4. 소통 능력 Communication Skills

소통 능력은 자신의 생각을 명확하게 표현하고, 다른 사람의 의견을 이해하며, 효과적으로 대화할 수 있는 능력을 말합니다. 정보를 설명하거나 주장을 설득할 때 모두 필요한 능력이며, 특히 상대방의 이야기를 잘 듣고 정확히 파악하는 청취력이 중요합니다. 대화를 잘하는 능력보다는 주제, 맥락, 핵심을 정확하게 이해하고 전달하는 능력이 진정한 소통 능력이라고 할 수 있습니다. 소통 능력은 대중의 니즈를 직접적으로 파악하고 이를 바탕으로 협업하거나 결과를 전달할 때 중요한 역할을 합니다.

소통 능력을 기르는 방법

1) **토론 관전 또는 라디오, 팟캐스트 듣기:** 토론 프로그램을 보면서 패널들의 이야기를 나름대로 분석하고 정리해 봅니다. 토론 프로그

램이 재미없다면, 라디오나 팟캐스트 같은 듣기에 특화된 방송 프로그램을 들으며 듣기 훈련을 해볼 수 있습니다.

2) 낯선 모임 참석하기: 낯선 사람과의 대화를 통해서 듣는 연습을 하고 견문도 넓히는 것이 좋습니다. 늘 만나던 사람들과 만나서는 새로운 이야기를 들을 수 없으니까요. 내향적인 사람이라면, 전혀 모르는 사람들이 있는 모임에 가는 것이 어려울 수 있습니다. 그럴 때 어느 정도 안면은 있지만 평소라면 가지 않을 모임에 참석해 보는 것이 좋습니다. 독서 모임을 활용하시는 것도 좋겠습니다.

3) 프레젠테이션 연습과 피드백: 자신의 생각이나 분석 결과를 다른 사람에게 설명하는 연습을 합니다. 사람들 앞에서 이야기하는 것이 서투르다면, 스마트폰으로 자신의 PT를 녹화한 후 영상을 분석하면서 스스로 피드백을 주는 것도 좋은 방법입니다. 그러면 쓸데없는 몸짓, 거슬리는 말 습관, 자신 없어 보이는 어조 같은 것들을 한눈에 파악할 수 있습니다. 조금 더 자세히 보면서 내용적인 부분도 스스로 교정할 수 있고요.

5. 공감 능력 Empathy ability

공감 능력은 다른 사람의 감정, 생각, 니즈를 이해하고, 그들의 입장에서 상황을 바라보는 능력입니다. 대중의 니즈를 파악하려면 그들의 관점에서 문제를 이해하는 것이 매우 중요합니다.

공감 능력을 기르는 방법

1) **캐릭터 분석:** 배우들은 단역일지라도 자신이 맡은 배역을 이해하기 위해서 종종 그 인물의 서사를 만들고 인생을 설정합니다. 이는 공감하기 위해서인데요, 이렇게 캐릭터를 분석하고 이해해 보는 연습은 공감 능력을 기르는 데 큰 도움이 됩니다. 영화나 소설을 보면서 단순히 등장인물의 감정을 느껴보는 것도 좋지만, 그 사람의 감정을 분석하고 왜 저렇게 분노하고, 반대로 왜 저렇게 참고 있는지 그 이유를 이해해 보려고 노력하면 공감 훈련에 큰 도움이 됩니다.

2) **공감 능력으로 논란이 되었던 사건 분석:** 연예인들이 망언을 하거나 논란을 일으킨 후 잘못된 사과문을 올려서 상황이 더욱 악화되는 경우가 많습니다. 짧은 순간에 어떤 어휘와 태도를 취하느냐에 따라 대중의 반응이 천양지차로 갈리는데요, 이런 사건들을 분석해 보면 특정 순간에서 대중들과 유리된 듯한 언행을 한 것이 결정적인 원인이 되었음을 알 수 있습니다. 그런 순간들을 찾아서, 어떤 부분에서 대중과의 교감에 실패했는지 되짚어보는 것도 좋은 연습이 됩니다.

3) **자원봉사 등 다양한 만남:** 다양한 사람들과의 만남을 통해 그들

의 감정이나 생각을 이해해 볼 수 있습니다. 특히 자원봉사는 공동의 미션을 같이 수행하기에 큰 틀에서는 이미 어느 정도 공감대가 형성된 상태죠. 게다가 다양한 사회적 배경을 가진 사람들과 함께하기 때문에 그들의 경험과 니즈를 이해하는 기회가 됩니다.

6. 호기심 Curiosity

세상의 발전은 호기심에서 시작합니다. 호기심은 세상에 대한 지속적인 관심과 새로운 것을 배우려는 의지를 말합니다. 대중의 니즈나 시대의 필요를 파악하려는 시도도 호기심에서 비롯되죠. 트렌드를 파악하고 새로운 니즈를 발견하려면 끊임없이 질문하고, 기존의 틀을 넘어 새로운 가능성을 탐구하는 호기심이 필요합니다.

호기심을 기르는 방법

1) 질문 만들기 챌린지: 하루에 3~5가지 정도 새로운 질문을 만들어 보는 챌린지를 해보세요. 혼자서 해도 되고, SNS에 올려서 다른 사람들과 공유하는 것도 재미있을 듯하네요. 일상에서 당연하게 여겼던 것들에 대해 질문해 보거나 평소 생각해 보지 못했던 질문을 떠올리며 모든 것에 의식적으로 호기심을 가져보는 연습입니다. 자

연스럽게 질문이 생길 때까지 말이죠.

2) 인터뷰 질문지 구성: 자신이 방송이나 유튜브, 뉴스 프로그램의 진행자가 되었다 가정하고, 특정 인물 또는 사건에 대한 질문지를 구성해 보세요. 단순히 질문지를 만드는 것으로 끝내도 좋고, 각 질문에 스스로 답을 찾아보는 것도 좋습니다. 어떤 대상에 호기심을 갖고 궁금한 점들을 정리하여 질문으로 만들기는 생각보다 쉽지 않습니다. 이 과정을 연습해 보는 것이죠.

3) 다양한 경험을 하고 블로그, 브이로그 등에 기록 남기기: 여행, 취미 활동, 새로운 기술 습득 등 다양한 경험을 통해 새로운 관점을 얻을 수 있습니다. 아는 것이 많을수록 자신이 모르는 부분이 더 많다는 사실을 깨닫게 되죠. 그래서 지식과 경험이 풍부한 사람일수록 호기심이 더 많습니다. 캐나다에 다녀온 사람이 한 번도 안 가본 사람보다 캐나다에 대해 더 궁금해하고, 산악자전거를 타본 사람이 자전거를 전혀 못 타는 사람보다 자전거에 더 관심을 가지기 마련이니까요. 자신의 체험과 경험을 기록으로 남기면 생각을 정리하는 데 도움이 되니, 단순히 경험하는 것에 그치지 말고 이왕이면 기록하는 것을 추천합니다. 블로그나 브이로그처럼 다른 사람들에게 공개하는 것이 싫다면, 혼자만 볼 수 있는 공간에 기록해도 됩니다.

7. 디지털 리터러시^{Digital Literacy}: 기술 이해력

디지털 리터러시는 기술에 대한 이해력이라고 말할 수 있습니다. 오늘날 기술의 발전 속도는 따라가기 힘들 정도로 빠르고, 특히 AI 계열은 그야말로 전 세계적인 총력전이 펼쳐지는 분야라고 해도 과하지 않은 실정입니다. 날마다 새로운 기술이 등장하고, 그 기술로 인해 우리의 일상이 순식간에 바뀌는 일이 계속해서 일어나고 있습니다. 따라서 기술을 이해해야 이 가속의 시대에 속도를 맞출 수 있죠. 하지만 기술의 원리나 기술 자체에 대한 이해가 필요한 것은 아닙니다. 이런 부분은 엔지니어나 개발자들이 알면 되는 것이고요, 우리에게 필요한 것은 디지털 도구와 기술을 이해하고, 이를 효과적으로 활용할 수 있는 능력입니다. AI가 영상을 어떻게 만드는지 기술적인 원리를 아는 것보다, 어떤 영상을 만들어서 이를 어떻게 활용할 것인지 아는 것이 대중에게는 훨씬 필요한 정보죠. 현대의 트렌드와 니즈는 디지털 세계와 밀접하게 연결되어 있기 때문에 디지털 기술을 이해하고 활용하는 능력이 무엇보다 중요합니다.

디지털 리터러시를 기르는 방법

1) **유튜브 구독**: 기술에 대해 쉽게 설명하고 활용 방법을 알려주는 유튜브 채널들이 많습니다. 관심 있는 분야나 자신의 일과 관련된

분야에 대해 알려주는 유튜브 채널을 구독하면, 계속 업데이트되는 최신 정보를 얻을 수 있습니다. 다만 너무 지엽적인 내용을 다루거나 자신의 강의를 들으라고 홍보하는 유튜버는 거르는 것이 좋습니다(유료 강의가 따로 존재한다면, 중요한 정보는 결제를 해야 알려준다는 얘기거든요). 활용성에 중점을 둔 정보를 알려주는 유튜버들의 콘텐츠를 보셔야 합니다.

2) **디지털 도구 활용:** 디지털 도구를 직접 사용해 보는 것이 가장 빠르게 익히고 실력이 느는 길입니다. 이벤트 글 생성하기, SNS용 이미지 제작하기, 30초짜리 광고 영상 만들기 등의 미션을 설정하고 이를 수행해 보세요. 이 과정에서 도구 사용법을 자연스럽게 익힐 수 있습니다. 이 외에도 구글 애널리틱스나 소셜 미디어 관리 도구 같은 다양한 분석·관리 도구도 있습니다. 어떤 사람은 이런 도구들을 모두 자동화하는 시스템을 만들어서 에어비앤비까지 자동화로 굴리고 있다고 하죠.[3] 이런 도구들은 사용자의 사용성을 극대화시켜 출시하기 때문에 사용법을 익히는 것이 그리 어렵지 않습니다. 다양한 도구를 접해본 사람일수록 새로운 도구들의 사용법을 금방 익힐 수 있고요. 현대사회의 경쟁력은 이런 도구들을 아느냐 모르느냐의 차이에서 생긴다고 할 수 있겠습니다.

3) **책, 기술 교육, 온라인 코스:** 기술을 조금 더 확실하게 이해하려

면 정식으로 배우는 것도 좋습니다. 간편한 방법으로는 책이 있고, 좀 더 노력이 드는 방법으로는 온라인 교육이 있죠. 특히 최근에는 기본적인 코딩, 데이터 분석, 디지털 마케팅 등을 알려주는 직업 교육 과정이 많으므로 관심 있다면 이런 교육에 참어하는 것도 좋습니다. 꼭 교육을 듣지 않더라도 관련 서적을 통해 깊이 있는 지식을 쌓는 것도 좋은 방법입니다.

콘셉트 잡기와 '촉' 가다듬기
: 기획과 선별

AI로 차별화된
결과물을 만드는 방법

"재미있고 창의적인 스토리를 만들어 줘"라고 챗GPT에 요청하더라도, 나온 결과가 썩 마음에 들지 않을 확률이 높습니다. 이렇게 추상적으로 요구하면 사실 창의적이라고 느낄 만한 결과가 잘 나오지는 않습니다. 기존의 데이터를 바탕으로 학습하여 결과물을 만드는 생성형 AI는 평균적인 결과물은 잘 만들어 내지만, 그 원리상 독창적인 결과물을 만들어 내는 데는 한계가 있습니다. 평균적인 것을 벗어나는 차별화된 결과를 얻으려면 AI에 명확한 방향성을 제시해야 합니다.

이런 프로세스라면 AI에 창의성의 영감을 불어 넣는 것은 바로 인간의 역할이 됩니다. 여기서 '영감'이란 기조, 단어, 주제, 콘셉트 등과 같이 큰 틀의 방향성을 제시하는 것을 뜻합니다. 과거에 인간에게 영감을 주던 뮤즈 여신들처럼, 상위에서 AI에 영감을 제공해 주는 것이 인간의 역할인 것이죠.

인간이 '작업 지시서'를 제공하고, 그 작업 지시서에 따라 AI가 구체적인 작업을 수행하는 건데요, 차별성은 바로 이 작업 지시서에 인사이트와 방향성을 담을 수 있느냐에서 나옵니다. 물론, 아무런 의도 없이 말도 안 되는 것들을 무작위로 연결하고 재관점해도 창의적인 결과물이 나올 수 있습니다. 하지만 항상 우연한 창발성에만 의존할 수는 없기에 얻고자 하는 결과물의 대략적인 방향을 제시하는 것이 보다 현실적입니다.

가령, 어떤 제품의 홍보 기획을 구상할 때 특정 캐릭터와 연계한 이벤트를 해보고 싶다고 가정해 보겠습니다. 이때 '아이언맨' 캐릭터를 사용하고 싶지만 저작권 문제로 사용할 수 없다면, 기획할 때 처음부터 저작권이 풀린 '셜록 홈스'와 관련된 기획안을 짜거나, 아니면 '미키마우스'를 활용하는 방법을 고려할 수 있습니다. 단, 우리가 활용할 수 있는 미키는 2024년 1월부로 저작권이 풀린, 1928년 〈증기선 윌리〉에 나왔던 초기의 미키 디자인입니다. 따라서 "〈증기선 윌리〉에

| 미키의 조상이라고 할 수 있는 〈증기선 윌리〉(1928)의 미키마우스[4]

나왔던 미키마우스를 우리 제품의 홍보에 이용하는 창의적인 기획안을 짜줘"라고 AI에 작업 지시서를 전달하는 것이죠.

작업 지시서는 AI와의 협업에서 꽤 유용합니다. 이러한 지시 없이 AI에 모든 것을 맡기면 협업이라고 할 수 없는 데다 사용자의 의도가 빠진 그야말로 누구나 만들어 낼 수 있는 평범한 결과물이 나올 테니까요. 이런 결과물이 나쁘다는 뜻은 아니지만, 누구나 클릭 한 번으로 만들어 낼 수 있다면 그만큼 흔한 결과물이 될 가능성이 커지는 거죠. 창의성은 독특함, 희소성과도 관련되기 때문에 아무리 새로워도 보편화된다면 창의성의 수명도 끝나게 됩니다.

하지만 작업 지시서가 너무 세부적이어도 문제가 생깁니다. 생산성을 높이려고 AI와 협업하는 것인데, 속도가 더디면 본래 목적에 부합하지 않을뿐더러 사람과 AI가 만났을 때 나오는 창발성도 기대할 수 없거든요.

따라서 작업 지시서는 세부적인 지침을 담기보다는 인사이트와 방향성 정도가 담긴 간결한 주문서여야 합니다. 작업을 효과적으로 지시하려면 가치와 생각을 요약해서 잘 전달하는 기술을 익히고 연습해야 합니다. 그러려면 핵심을 이해하는 능력, 맥락을 파악하는 능력이 필요하고요.

1. 핵심을 이해하고 맥락을 파악하기

자신의 생각이나 가치, 원하는 바를 명확하게 아는 사람은 생각보다 많지 않습니다. 머릿속에 생각은 많지만, 이를 제대로 정리하지 못해 설명하거나 표현하는 데 어려움을 겪는 것인데요, 우선 자신이 하고자 하는 말이나 생각의 핵심을 파악해야 합니다. 또한, 그 생각이 어떻게 나오게 되었는지 전체 맥락을 파악하는 것도 필요하겠죠. 즉 자신의 생각과 그 생각이 나온 맥락을 아는 것이 중요합니다.

다음과 같은 방법으로 이러한 능력을 기를 수 있습니다.

AI 시대 창의적 인간

맥락 파악 능력을 기르는 방법

1) 핵심 요약 훈련: 매일 읽는 기사, 책, 또는 들은 강의 내용을 한두 문장으로 요약하는 연습을 합니다. 핵심 아이디어를 간결하게 표현하는 연습을 하면 복잡한 생각을 명확하게 전달하는 능력을 키울 수 있습니다. 요약은 핵심을 파악하는 능력을 향상시키고, 무엇보다 불필요한 정보를 걸러내는 능력을 길러줍니다.

2) 스토리텔링 릴레이: 잘 아는 동화나 이야기의 후속 이야기를 이어서 만들거나, 익숙한 캐릭터를 낯선 상황 속에 넣어서 이야기를 만들어 보는 방식으로 맥락을 파악하고 이어 붙이는 연습을 해볼 수 있습니다. 만약 파트너가 있다면, 한 사람이 이야기를 시작하고 다음 사람이 그 이야기를 이어받아 새로운 내용을 추가하는 식으로 스토리텔링 게임을 해볼 수 있습니다. 이를 통해 서로의 말과 생각을 이해하고 반영하는 능력을 키울 수 있습니다.

3) 마키아벨리즘적 인물 파악 게임: 니콜로 마키아벨리[Niccolò Machiavelli]의 《군주론》에서 인간은 기본적으로 이기적이며, 자신의 이익만을 추구하는 존재로 묘사됩니다. 인간이 선하고 다른 사람에게 관대할 때는 자신에게 이익이 되어서죠. 이런 관점을 바탕으로 신문이나 뉴스에 나오는 비즈니스 이야기, 정치적인 결정, 회사 안에서 일어나는 여러 가지 사건들에 대해서 '실제 목적은 무엇일까?'라는 질문을

던지며 분석해 보는 연습을 해보세요. 당사자의 개인적 이득에 초점을 맞춰 사건을 바라보는 것입니다. 물론 실제로는 선의로 이루어지는 일도 많지만, 다양한 관점에서 상황을 바라보고 분석하는 연습을 해 보자는 의미니까요(막상 해보면, 이와 같은 관점이 의외로 상당히 타당하다는 것을 느낄 수 있을 겁니다).

2. 요약하기

요약하기는 본질적으로 많은 정보 속에서 가장 중요한 부분을 추출하는 과정입니다. 요약하는 과정에서 중요한 정보와 덜 중요한 정보를 구분하고, 본질에 집중할 수 있게 됩니다. 글을 쓰거나 말을 할 때도 '하고 싶은 말'과 '중요한 말'은 다르거든요. 결국 중요한 내용만 요약한다는 것은 정보 중에서 상대적으로 덜 중요한 정보를 버리고 포기하는 과정이에요. 그래서 요약은 단순히 정보를 축약하는 것이 아니라, 정보를 깊이 이해하고 핵심을 파악하는 능력을 의미합니다.

자신의 생각이나 가치, 비전, 콘셉트 등을 요약해서 제시할 수 있다면, 더 효율적으로 방향을 지시하고 의사를 명확하게 전달할 수 있습니다. 핵심이 되는 정보만 정리하고 전달할 수 있도록 연습하는 방법에는 다음과 같은 것들이 있습니다.

요약하는 능력을 기르는 방법

1) X(옛 트위터)식 사고 훈련: SNS인 X에 올리는 글처럼 280자 이내로 자신의 생각이나 인사이트를 표현하는 연습을 해보세요. SNS에 짧은 글을 올리면서 자신의 생각과 가치를 제한된 글자 수 안에서 표현하다 보면 핵심을 명확하고 간결하게 전달하는 능력이 향상됩니다. 커뮤니케이션 능력을 기르는 데에도 유용하고요.

2) 해시태그 뽑기: SNS에 글을 올릴 때 검색의 편이성을 위해 해시태그를 다는데요, 때로는 글과 직접적인 관련이 없더라도 SNS 유저들의 트렌드를 따라서 유행하는 해시태그를 다는 경우가 있습니다. 그래서 정확하게는 해시태그보다는 키워드라는 말이 더 맞는데요, 키워드를 뽑으면서 자신의 생각과 사고의 방향성을 하나 또는 몇 개의 단어로 나타내는 연습을 해볼 수 있습니다.

3) 소설이나 영화의 줄거리 요약: 자신이 본 영화나 소설의 줄거리를 요약해 보는 연습을 해보세요. 영화나 소설을 보는 시간을 따로 내기보다는 이미 본 작품 중에서 줄거리 요약 연습을 하는 것이죠. 줄거리 요약 노트를 만들어 기록하거나 SNS에 이런 기록을 아카이브로 쌓는 것도 좋습니다. 기록과 경험이 쌓일수록 지류가 되는 부수적인 이야기와 본류가 되는 줄거리가 명확해지면서, 핵심을 판단하는 능력이 보다 향상될 것입니다.

3. 전달하기

'말하지 않아도 아는 사이'라는 것은 현실에서는 존재하지 않습니다. 아무리 서로 양보하고 배려하는 연인이라도 시간이 지나면 불통 문제로 싸우기 쉽습니다. 생각을 잘 정리하고 요약했더라도, 이를 상대방에게 정확하게 전달하지 않으면 아무런 소용이 없습니다.

그런데 전달하는 것은 생각을 정리하는 것과는 또 다른 문제입니다. 글로 전달하든 말로 전달하든, 전달 과정에서 상대방의 수준에 맞춰 설명하거나 맥락에 따라 조정해야 할 지점이 생기거든요.

전달 능력을 기르는 방법

1) 그림 프롬프트 만들어 보기: 자신의 구상을 말로 표현한 후, 이를 그림 생성형 AI에 입력해서 실제로 자신이 구상한 그림과 얼마나 비슷하게 나오는지를 확인해 봅니다. 자신의 구상과 차이가 크다면 어떤 부분에서 묘사가 부족했는지 체크해보고, 설명을 보완해서 다시 그림으로 만드는 작업을 해봅니다. 자신의 생각을 다른 사람(혹은 AI)에게 명확하게 전달하는 방법을 연습해 보는 거예요. 만약 그림을 상상하기가 어렵다면, 반대로 AI가 생성한 그림을 보고 프롬프트를 유추해 보는 것도 좋습니다. 그다음, 재구성한 프롬프트를 다시 그림 생성형 AI에 넣어서 처음에 만든 그림과 얼마만큼 유사하

게 나오는지를 확인해 보는 거죠. 이런 방식으로 게임처럼 좀 더 재미있게 연습할 수 있습니다.

2) **비유와 은유 찾기**: 비유나 은유를 사용하여 복잡한 개념을 간단하게 설명하는 연습을 해보세요. 복잡한 아이디어를 익숙한 개념이나 이미지로 표현하는 방법을 배우면, 요점을 더 효과적으로 전달할 수 있습니다. 어떤 주장이나 설명을 할 때, 이와 가장 유사한 개념이나 사물을 찾아 빗대어 설명하는 연습을 해봅니다. 이를 통해 추상적인 아이디어를 쉽게 전달할 수 있으며, 핵심을 간결하고 명확하게 전달하는 능력을 향상할 수 있습니다.

3) **엘리베이터 피치**: 엘리베이터를 타고 이동하는 짧은 시간 동안 제품, 서비스, 계획 등에 대해 요약하여 설명하는 말하기 방식을 '엘리베이터 피치elevator pitch'라고 합니다.[5] 처음 만난 짧은 순간에 투자자가 갖게 되는 첫인상이 투자에 결정적인 영향을 미치기 때문에 이 시간 안에 자신의 아이디어를 잘 설명해야 하는 것이죠. 시간이 너무 짧다고 불평할 만도 하지만, 투자자의 입장에서는 그 시간 안에 설명할 정도로 간결하고 임팩트 있는 아이디어야 투자할 만한 가치가 있다고 여길 수 있습니다. 이러한 개념이 엘리베이터 피치라고 생각하시면 됩니다. 자신이 하고 싶은 말이나 아이디어를 30초에서 1분 사이에 전달하는 연습을 해보세요. 실제 역할극처럼 해볼

수도 있고, 스피치를 영상으로 녹화하거나 녹음한 후 피드백하는 방식으로 연습해 볼 수 있습니다. 이 훈련은 중요한 순간에 짧고 효과적으로 자신의 생각을 전달하는 능력을 길러줍니다.

'촉이 좋다'라는 말의
과학적 의미

그전부터 중요한 능력이었지만, AI 시대에 접어들면서 그 중요성이 배가된 능력이 평가 능력입니다. 우리는 좋은 것들이 넘쳐나고 창의적인 결과물도 흔하게 접할 수 있는 세상에 살고 있습니다. 그중에 어떤 것이 대중적인 각광을 받을지, 일반적인 사용성을 확보할 수 있는지 평가하고 상황에 맞는 것을 선별해 낼 수 있는 능력이 그 어느 때보다 중요합니다.

그런데 '평가'라고 하면 흔히 기준을 정하고, 논리적 프로세스에 따라 등급을 매기고 순위를 매기는 과정을 떠올리게 됩니다. 기준을 벗어나서 기준 밖에서 존재하는 것이 '창의성'인데, 기준에 따라 높은 점수를 얻어서 창의적이라는 평가를 받는다는 것은 상당히 모순적인 상황입니다. '평가에서 우수한 성적을 받은 창의성'이라는 말 자체가

│ 창의적이지 않아 보이는 창의력 컴피티션

창의적이지 않게 느껴지긴 하죠. 창의성 대회 같은 것에서 심사위원들이 평가표를 들고 쭉 앉아서 점수를 매기는 장면을 떠올리면, 아무리 봐도 그 심사위원들에게 창의성이 있을 것 같지 않거든요.

그래서 창의성을 '평가'한다기보다는 창의성을 알아보고 골라내는 '촉'이라는 말이 더 어울립니다. 보통 '촉이 좋다'는 말은 직관적이고 즉각적인 판단이나 예감이 뛰어나다는 뜻으로 사용됩니다. 일반적으로는 '센스'라는 말로 사용할 수 있지만, '촉'이라는 단어가 주는 특별한 어감이 있죠. 가령, 프로듀서가 작곡가의 노래를 듣고 "이 노래 촉이 왔어"라고 얘기하는 것과 "이 노래 센스 있는데"라고 얘기하는 것은 의미가 다르잖아요.

'촉이 좋다'라는 표현에서 '촉'은 직감이나 직관을 의미합니다. 이는 우리가 논리적으로 사고하거나 명확한 근거를 바탕으로 결론을 내리기 전에, 무의식적으로 어떤 상황에 대한 판단이나 결정을 내리는 능력을 뜻합니다.

과학적으로는 뇌의 여러 부위, 특히 복내측 전전두엽피질^{Prefrontal} Cortex과 편도체^{Amygdala}가 직관적 판단과 관련이 있다는 연구 결과가 있습니다. 전두엽은 복잡한 의사결정을 담당하고, 편도체는 감정과 본능적인 반응을 처리하는 역할을 합니다. 이들 부위는 우리가 의식적으로 생각하기 전에 빠르게 상황을 평가하고 결정을 내리도록 돕습니다. 그러니까 촉이라는 것은 상상의 영역이 아닌 실제 존재하는 감각인 것이죠.

'촉'을 좀 더 분석해 보면, 직관^{intuition}, 암묵적 학습^{implicit learning}, 무의식적 인지^{unconscious cognition} 같은 요소들로 설명할 수 있습니다.

직관은 우리가 명확하게 의식하지 못한 상태에서 신속하게 결정을 내리거나 예측하는 능력입니다. 직관은 주로 무의식적 사고 과정에서 발생하며, 경험과 연습을 통해 형성된 정보나 패턴에 근거하여 작동합니다. 우리의 뇌는 일상에서 반복적으로 접하는 정보나 상황을 바탕으로 패턴을 인식하거든요. 이러한 패턴 인식은 경험이 많을수록 더 정교해집니다. 그래서 '촉'이 좋은 사람은 많은 경험을 바탕으로 직관적인 판단을 내리는 경우가 많습니다.

경험이 쌓일수록 뇌는 다양한 상황에서 패턴을 학습하고, 유사한 상황에서 신속하고 적절한 판단을 내리게 됩니다. 이를 '직관적 사고'라고 하며, 주로 과거의 경험에 기반한 빠른 인지 과정을 의미합니다. 예를 들어, 오랜 시간 동안 시장에서 일한 사람이 시장의 흐름을 보고 "촉이 왔다"라고 말하는 경우, 이는 그가 과거의 경험을 바탕으로 빠르게 결론을 내린 것입니다.

암묵적 학습은 우리가 의식하지 못한 채 배우고, 그 배움을 바탕으로 행동하는 과정을 말합니다. 예를 들어, 특정 상황에서 이전 경험에 따라 자연스럽게 반응할 때, 우리는 암묵적 학습에 의존하는 것이죠. 이러한 학습은 우리가 의식적으로 기억하지 않더라도 기억 속에 암묵적으로 저장되어, 특정 자극이 주어졌을 때 빠르게 반응할 수 있게 합니다.

'촉이 좋다'는 것도 이러한 암묵적 학습의 결과로 볼 수 있습니다. 반복적인 경험을 통해 특정 패턴이나 상황을 무의식적으로 익히게 되면, 우리는 그 경험을 바탕으로 예측이나 결정을 할 수 있습니다. 이는 학습된 지식이 의식적인 사고 없이도 빠르게 활용되는 과정입니다.

무의식적 인지란, 우리가 인식하지 못하는 상태에서 뇌가 정보를 분석하고 판단을 내리는 과정을 말합니다. 우리 뇌는 매일 엄청난 양의 정보를 처리합니다. 이 정보 중 일부는 의식적으로 처리되지만, 대부분은 무의식적으로 처리됩니다. '촉'은 이러한 무의식적 정보 처리의 결과물일 수 있습니다. 과거의 경험, 관찰, 다양한 감각을 통해 얻은 정보를 바탕으로 뇌가 빠르게 결론을 내리고 그것을 직감이라는 말로 표현하는 것이죠.

'촉'은 감정과도 밀접한 관련이 있습니다. 연구에 따르면, 우리의 감정은 무의식적 인지 과정에 큰 영향을 미칩니다. 불안, 기쁨, 두려움 등 특정 상황에서 느끼는 감정은 직관적인 판단을 촉진할 수 있습니다. 어떤 일이 잘 풀릴 것 같은 느낌이나, 반대로 불안감을 느껴 피하고 싶은 느낌이 바로 이러한 감정과 직관이 결합되어 나타나는 것입니다.

결론적으로 '촉'은 우리가 명확하게 인식하지 못한 채 경험과 학습을 통해 내재된 패턴을 빠르게 인식하고 반응하는 직관적 능력을 의미합니다. 이는 우리의 뇌가 무의식적으로 축적한 정보를 기반으로 빠르게 결정을 내리는 과정에서 발생하며, 많은 경우 이전의 경험과 암묵적 학습에 크게 의존합니다. 이러한 직관적 판단은 종종 정확할 수 있는데, 이는 우리의 뇌가 반복적인 경험을 통해 학습한 패턴을 바탕으로 결정을 내리기 때문입니다. 그래서 '촉이 좋다'라는 것은 직관적인 판단력이 뛰어나다는 의미가 되는 것이죠.

선별 능력 향상이 가능한 이유

'촉'이라는 말이 뭔가 비공식적인 느낌을 준다면, 그 대신 '직감', '직관', '센스' 같은 일반적인 표현으로 바꿔 써도 비슷한 개념이 될 것입니다. 보통 센스는 타고난다고 생각하지만, 오랫동안 직장생활을 하다 보면 처음에는 눈치가 없던 사람도 눈치가 생기고, 사회적 행동을 학습하게 되듯이 센스도 늡니다. 마찬가지로 직관적 능력인 촉 역시 훈련과 연습을 통해 발전시킬 수 있습니다.

우리 뇌는 '신경가소성^{Neuroplasticity}'이라는 성질을 가지고 있습니다. 뇌는 경험과 학습을 통해 구조와 기능이 변화하는데, 이를 신경가소성이라고 합니다. 촉을 발전시키는 반복적인 훈련은 뇌의 신경 연결을 강화하여 직감적 판단 능력을 향상시킬 수 있습니다. 예를 들어, 경험이 많은 의사는 환자의 상태를 직감적으로 파악할 수 있습니다. 이는 진단과 치료 경험이 쌓이면서 뇌의 특정 경로가 강화되었기 때문입니다.

그리고 인간은 '경험 기반 학습^{Experiential Learning}'을 합니다. 경험을 통해 학습한 내용을 바탕으로 직관적인 결정을 내리는 능력을 발전시키는 것이죠. 경험이 축적되면 비슷한 상황에 부닥쳤을 때 과거 경험에 기반한 직감이 활성화됩니다. 만약 오랜 시간 다양한 요리를 해온 요리사라면 재료만 보고도 어떤 맛이 어울릴지 직감적으로 판단할 수 있게 됩니다. 이는 오랜 시간 동안 쌓인 경험 덕분입니다.

비슷하게 '연관 학습Associative Learning' 역시 촉이 학습을 통해 발달할 수 있다는 근거가 됩니다. 연관 학습은 특정 자극과 반응을 연결하는 학습 방식으로, 이러한 연관 학습의 결과로 다양한 상황에서 직감이 발휘됩니다. 반복적으로 특정 상황에 노출되면, 자극과 반응 사이의 연결이 강화되면서 직감이 더욱 예리해집니다. 흔히 엄마들은 아이의 거짓말을 잘 눈치채곤 하는데요. 사실 아이의 비언어적 표현을 보고 알아채는 경우가 많습니다. 거짓말을 할 때 아이의 특정 행동, 미세한 몸짓, 눈빛 등 여러 가지 비언어적 표현들이 평소와 다르다는 것을 의식적으로 또는 무의식적으로 감지할 수 있습니다. 때로는 이러한 변화를 명확하게 인식하지 못하더라도 '뭔가 평소와 다른데, 딱히 뭐라고 설명할 수는 없는 그런 느낌'을 받는 것이죠. 이는 직감의 작용이라고 볼 수 있습니다.

직감은 주로 '사례 기반 추론Case-Based Reasoning'에서 기인하기도 합니다. 특정 상황에서 반복적인 경험이 축적되면, 비슷한 상황에서 유사한 사례를 빠르게 기억해 내고 이를 바탕으로 직감을 형성합니다. 예를 들어, 소방관은 과거에 경험했던 유사한 상황들을 무의식적으로 떠올리고, 이를 바탕으로 화재 현장에서 어떤 행동을 취해야 할지 직감적으로 판단할 수 있습니다.

그러다 보면 '전문성의 역설Expertise Paradox'을 마주할 수 있는데요,

전문가들은 종종 복잡한 문제를 간단히 해결할 수 있는 직감을 가지고 있습니다. 일반적으로 전문가는 논리와 지식으로 무장하고 이에 기반하여 결정을 내릴 것 같지만, 때로는 직감에 기반한 결정을 내리기도 합니다. 이는 오랜 시간에 걸쳐 축적된 학습과 경험의 결과입니다. 훈련과 연습을 통해 직감이 발전하는 것인데요, 제가 이전에 냈던 책의 출판사 대표는 제목을 정말 잘 짓습니다. 제 책《똑똑한 사람은 어떻게 생각하고 질문하는가》의 원래 제목은 '지적인 사람은 어떻게 원하는 것을 얻는가'였으나, 인쇄 직전에 대표가 제목을 바꿔버렸습니다. 아무래도 느낌이 안 오니, 새로운 제목으로 해야 한다는 것이었죠. 인쇄 직전에 제목이 바뀌면서 실무진과 편집자들이 해야 할 일이 어마어마하게 많아져 모두가 고생했습니다. 하지만 책이 출간된 후에

| 인쇄 직전 책 제목이 바뀌어 패닉에 빠진 출판사 직원들

는 고생한 만큼 모두 만족했습니다. 책이 잘 팔려서 종합 베스트셀러 순위에 올랐고, 제목이 정말 좋다는 칭찬도 많이 들었거든요. 사실 이 공로는 모두 마지막 순간에 전문가로서 자신의 직감을 따른 출판사 대표 덕분이었는데요, 이는 반복된 경험을 통해 어떤 조치를 취해야 하는지를 직감적으로 파악하는 능력이 발달했기 때문이라고 할 수 있습니다.

이와 같은 과학적 원리들은 훈련과 연습을 통해 직감이 발전할 수 있다는 사실을 뒷받침합니다. 직감은 타고나는 것이 아니라, 의도적인 훈련과 피드백을 통해 점차 강화되고 정교해질 수 있는 능력입니다. 꾸준히 노력하고 경험이 축적될수록 직감은 더욱 예리해집니다. 이러한 노력이 결국에는 여러 결과물 가운데 어떤 것이 가이드나 기준에 부합하며, 어떤 것이 대중들의 니즈에 맞는지를 선별하게 해주는 중요한 능력으로 이어집니다.

선별의 직관을 기르는 방법

1. 경험의 다양화

직감은 다양한 경험에서 비롯됩니다. 반복적인 일상에서 벗어나 새로운 환경에 몸을 던지는 것은 직관을 발달시키는 데 도움이 됩니다. 새로운 경험은 뇌에 신선한 자극을 주고, 다양한 상황에 대한 직감을 형성하는 데 기여합니다.

신선하고, 재미있고, 창의적인 다양한 시도들을 접하고, 경험해야 합니다. 일상과 루틴에 갇혀 있으면 이런 경험이 제한될 수밖에 없습니다. 따라서 자신의 경험을 확장해 줄 여러 가지 시도들을 해야 합니다. 새로운 경험과 재미있는 견문들이 자신의 촉을 다듬어줄 훌륭한 재료가 된다는 것을 잊지 말고, 조금 더 의식적으로 연구하고 바라보는 것이 중요합니다. 그러면 같은 경험이라도 조금 더 임팩트 있게 다가올 것입니다.

다양한 경험을 쌓는 방법

1) 여행 기록: 여행 기록을 일지 형식으로 남기거나 SNS에 남겨 보세요. 영상에 익숙한 분이라면 브이로그로 만들어 보는 것도 좋은 방법입니다. 특히 최근에는 여행지에서 브이로그를 찍고 있으면 사람들이 먼저 다가와 말을 걸거나 호응해 주기 때문에 현지인들이나 다른 여행자들과 교류할 기회가 되기도 합니다. 아이디어나 인상 깊은 장면을 기록해 놓으면, 나중에 찾아볼 수 있어서 유용할 뿐만 아니라 기록하는 과정에서 기억에 더 잘 남게 됩니다. 그 기억이 자연스럽게 촉을 발동시키는 지혜의 저수지로 흘러 들어가게 되고요.

여행을 통해 얻게 되는 새로운 경험, 문화, 아이디어 등이 촉의 기반이 되는 지식이나 지혜가 되기도 하지만, 여행 그 자체로 직감적인 판단을 연습해 볼 기회가 됩니다. 익숙한 환경에서 벗어나 새로운 문화, 사람, 음식 등을 경험하면서 자연스럽게 직감적인 판단을 내려야 하는 상황에 놓이게 되거든요. 수도를 어떻게 틀어야 하는지, 처음 보는 음식을 어떻게 먹어야 하는지 등을 모르기 때문에 이런 낯선 상황이 직감을 자극하는 기회가 됩니다.

2) 새로운 취미 장착하기: 새로운 취미를 익히는 것은 직감을 기르는 데 도움이 되며 삶을 다양하고 풍요롭게 만들어 줍니다. 물론 그런 다양한 경험을 통해 촉을 예리하게 다듬을 수 있고요.

최근에는 기존의 관심사에서 벗어나 새로운 활동을 시도하기가 점점 용이해지고 있습니다. 유튜브 영상부터 유료 인터넷 클래스까지 취미 활동을 다양하게 배울 수 있는 환경이 잘 갖춰져 있거든요. 그림을 그리거나 악기 연주를 배우는 사람들도 많고, 과거에는 학습의 영역으로 여겨졌던 외국어도 이제는 취미로 배우는 사람들이 늘고 있습니다. 일본 드라마를 보다가 흥미가 생겨 일본어를 공부하는 식으로 말이죠. 심지어 학생 때 그렇게 치를 떨었던 미분과 적분을 취미로 다시 공부하는 사람들도 있습니다. 이렇게 새로운 활동을 하다 보면 예상치 못한 문제를 만나기도 하고, 이 과정에서 직관적으로 문제를 해결하는 연습을 할 수 있습니다.

3) 다양한 사람들과의 대화: 새로운 만남은 언제나 새로운 자극이 됩니다. 낯선 사람과의 만남을 불편해하는 분들도 있지만, 직감을 키우고 싶다면 이러한 낯섦이 필요합니다. 익숙한 것들에 둘러싸여 있으면 새로운 생각이나 시도를 할 수 없거든요. 특히 낯선 분야에서 일하는 사람들과의 만남은 새로운 영감을 줄 때가 많습니다. 그러니 '낯섦'을 극복하고 '낯섦'을 만나야 합니다.

관점이나 가치관에서도 사람마다 차이가 있을 수밖에 없습니다. 그 차이를 극복하려고 노력하기보다는 그 차이를 알아본다는 생각으로 대화를 나누면서 새로운 시각을 접하는 것이 중요합니다. 나와 다른 사람들을 만날 때는 마치 외국인을 대하듯이 열린 마음과 생각으로 접근해야 합니다. 보통 문화와 관습이 다른 외국인에게는 다름에 대한 허용치가 높은 반면, 같은 한국인에게는 나와 다른 부분을 잘 용납하지 못하는 경향이 있거든요. 하지만 옆집 이웃이나 직장 동료일지라도, 그와 나의 차이는 알래스카에 사는 사람이나 아프리카에 사는 사람과의 차이보다 더 클 수 있습니다. 그런데 그 차이야말로 우리가 경험하고 알아야 할 부분입니다. 따라서 차이가 클수록 상대방과 더더욱 대화해보고 접촉하려는 노력이 필요합니다. 그 차이만큼 이해의 폭이 성장할 수 있거든요.

2. 사례 기반 추론의 프로세스화

경험을 통해 빠르게 배우는 사람이 있는 반면, 같은 경험을 해도 배우는 속도가 느린 사람이 있습니다. 무언가를 빨리 배우고 싶다면 자신의 경험을 분석하고 연구해야 합니다. 이성적인 이해가 직관적인 반응을 가속화하는 데 도움을 주거든요.

'언제든 실수할 수 있지만, 같은 실수를 반복해서는 안 된다'는 자세가 필요합니다. 같은 실수를 반복하는 사람은 이전에 한 실수에서 아무것도 배우지 못했다는 뜻이고, 상황에 상관없이 늘 자신의 행동이나 사고 패턴을 고집하는 사람일 가능성이 큽니다. 이런 사람은 촉이 좋을 수 없습니다. 그리고 비록 지금은 우연히 타이밍이 잘 맞아 좋은 성과를 내더라도, 시간이 지나면 상황과 조건이 변하게 마련입니다. 변화에 적응하지 못하고 자기 생각만 고집한다면 지금은 촉이 좋더라도 시간이 지나면 자신의 촉은 흘러가 버린 낡은 감각이 됩니다. 수많은 기업인이 한때 자신의 성공 법칙을 새로운 상황과 시장 조건에 그대로 적용하려다가 처절한 실패를 맛보는 이유입니다.

직관적인 판단력을 잘 유지하려면, 사례를 분석하고, 자신의 경험을 다시 한번 연구하고 숙고해보는 자세가 필요합니다. 우리의 사고는 이성과 감성이 균형을 이룰 때 가장 빛납니다. 직관력 있는 판단에 학습이 필요한 이유죠.

AI 시대 창의적 인간

직감을 기르는 방법

1) 피드백을 통한 학습: 자신의 직감이 정확했는지, 틀렸는지 피드백을 받는 과정은 직감을 개선하는 데 중요한 역할을 합니다. 반복적인 피드백을 통해 직감의 정확성을 높일 수 있습니다. 지인 중에 부동산 개발을 하는 분이 있는데, 본격적으로 사업을 시작하기 전에 10여 년 동안 자신의 안목을 단련시켰다고 합니다. 신도시나 아직 개발되지 않은 땅에 가본 다음, 앞으로 그곳이 어떤 식으로 개발될지 대강의 그림을 그려보았다고 해요. 그리고 5년 후에 다시 방문해서 자신의 예측이 맞았는지 확인해 보고, 예측이 틀렸다면 어떤 점을 놓쳤는지 분석했습니다. 그렇게 10년 정도의 시간을 보낸 후에 본격적으로 사업을 시작하여 큰 손실 없이 잘 운영하고 있습니다.

피드백을 할 때 성공한 경험보다 실수한 경험에 대해 피드백하는 것이 더 중요합니다. 처음에는 성공을 목표로 하기보다 실수하지 않는 것에 초점을 맞추어야 부담을 덜 수 있고, 보통은 실수에서 배우는 것이 훨씬 더 많거든요. 실수는 성장의 기회입니다. 자신의 직감이 틀렸을 때 그 원인을 분석하고, 그 경험을 통해 배우는 것이 중요합니다. 가령 창의적인 시도가 성공했을 때 어떤 부분이 잘 먹혀서 창의적이라고 인정받았는지 분석하는 것보다, 실패했을 때 어떤 부분이 대중들과 유리되어서 받아들여지지 않았는지 살펴보는 것이

다음번 시도에 더 도움이 됩니다.

피드백을 할 때는 실수 후 몰려오는 감정에 휩쓸리지 말고, 실수가 발생한 원인을 차분히 분석해 보세요. 실수를 피드백하려고 하면 자꾸 남 탓, 조건 탓, 환경 탓을 하게 되는데, 물론 그런 분석이 맞을 때도 있지만 그렇게 되면 자신이 개선할 수 있는 부분을 찾기 어렵습니다. 여러 원인 중에서 자신의 실수를 찾아본다면, 다음에 더 정확한 직감을 발휘할 수 있습니다.

피드백은 스스로 할 수도 있고, 주위 사람들로부터 받을 수도 있습니다. 자기 피드백은 직감에 따라 내린 결정이 옳았는지 분석하고, 왜 그런 결정을 내렸는지 스스로 평가하는 과정입니다. 이를 통해 직감의 패턴을 발견할 수도 있습니다. 타인의 피드백을 받을 때는 주변 사람들에게 자신의 결정에 대해 설명하고 그들의 의견을 들어봐야 합니다. 이때 스스로를 보호하기 위해 주관적으로 설명해서는 유용한 피드백을 받지 못하므로 사실에 기반해 설명해야 합니다. 다른 사람에게 설명하려고 상황을 정리해 보는 과정 자체가 자기 피드백이 될 때도 있습니다. 타인의 의견을 통해 자신의 직감을 객관적으로 평가받을 수 있고, 이는 직감을 정교화하고 시의에 맞는 판단을 내리는 데 큰 도움이 됩니다.

2) 다양한 사례 연구: 다양한 사례를 연구해 보면서 피드백의 범위

를 확장해 볼 수 있습니다. 피드백의 범위를 자신의 결정뿐만 아니라 다른 사람의 결정으로까지 넓혀서, 특정 상황에서 어떤 직감이 필요했을지 고민해 보는 것이죠. 이 과정을 통해 직감을 단련할 수 있습니다.

이런 경우 상황, 선택, 결과가 명확히 드러난 사건들이 아무래도 학습에 도움이 됩니다. 구체적으로는 역사적 사건을 분석해 보는 방법이 있습니다. 역사적 사건이나 유명 인물의 결정을 분석하며, 그 상황에서 그들이 어떤 직감을 사용했을지 예측해 보는 것이죠. 특히 역사적인 사건 중에서 창의적인 문제해결력을 보여주는 사건들을 분석하는 것은 직감을 키우는 데 효과적입니다. 한니발이 알프스를 넘어 로마를 기습한 일, 을지문덕 장군이 수공으로 당나라 군사들을 물리친 전투, 정약용이 거중기를 발명한 사례, NASA 엔지니어들이 제한된 자원으로 우주선의 이산화탄소 필터를 즉석에서 만들어 우주비행사들을 구한 아폴로 13호 구출 작전 같은 것들이 있습니다.

또 하나는 비즈니스 사례 연구입니다. 현대의 경영학은 대부분 성공한 기업의 사례를 연구하는 것이다 보니, 경영서나 경제 관련 대중서에서 이러한 사례를 쉽게 접할 수 있습니다. 책을 읽을 때 창업자의 열정에 동기부여가 되는 것도 좋지만, 특정 순간에 창업자들이 내렸던 직관적인 결정을 분석해 보고, 자신이라면 어떤 결정을 내렸을지 그 상황에 이입해 보는 것도 중요합니다. 이를 통해 비슷한 상황에서 어떤 직감을 발휘해야 하는지 배울 수 있습니다.

3) 명상과 마음챙김: 명상과 마음챙김은 사례 하나하나에 대한 피드백이라기보다는 자신의 일상과 전체 삶에 대한 돌아봄이라고 할 수 있습니다. 거시적인 피드백이라고 볼 수도 있죠. 명상은 내면의 목소리에 집중하게 해주며, 마음 챙김은 지금 이 순간에 깊이 몰입하도록 도와줍니다. 이 두 가지는 직감을 명확하게 인식하는 데 큰 도움이 됩니다. 하루에 10~20분 정도 조용한 장소에서 눈을 감고 호흡에 집중하며 명상을 해보세요. 이를 통해 마음을 고요하게 하고 직감을 더 잘 인식할 수 있습니다. 이런 방법을 시도하기 어렵다면, 출퇴근길 지하철이나 차 안에서 자기 자신에 대해서 생각하고 집중하는 시간을 가져보는 방법으로 대체할 수 있습니다. 꼭 조용하고 깨끗한 곳에서만 명상해야 하는 것은 아니니까요.

주말에 따로 시간을 내어서 명상하는 시간을 가져도 좋습니다. 명상하는 동안 자신이 한 결정, 생각, 판단을 되짚어 보고 피드백을 얻을 수 있습니다. 피드백뿐만 아니라 자신의 마음 상태를 살피면서 직관적 결정을 했을 때 따라붙기 쉬운 불안감, 의심 같은 부정적인 감성들을 어느 정도 다스릴 수도 있죠.

3. 직접적으로 직관 가다듬기

직관을 훈련하려면, 다양한 게임 상황을 설정하고 직관적인 결정을 내리는 연습을 해보는 것이 좋습니다. 물론 연습이기 때문에 소소한 결정들일 수 있지만, 이런 작은 결정들이 쌓여 필요할 때 올바른 직관적 판단을 내리게 됩니다. 말하자면 직관적 결정에 근육이 붙을 수 있게 평소에 피트니스를 하는 것이죠.

중국 화웨이의 조사 결과에 따르면, 사람은 하루에 3만 5,000번의 결정을 한다고 합니다.[6] 스마트폰에 들어갈 인공지능을 연구하면서 이와 같은 통계를 낸 것인데요, 이 3만 5,000번의 결정 중에 의식적으로 하는 결정은 겨우 1퍼센트에 그친다고 합니다. 그렇다면 하루에 약 350번 정도 의식적인 결정을 하는 셈이죠. 이와 달리, 미국 내셔널 지오그래픽의 조사에서는 인간이 하루에 약 150번의 선택을 한다고 추정합니다.[7] 두 결과의 중간치를 찾아서 하루에 대략 200~250번의 의식적인 결정을 내린다고 가정하면, 자는 시간을 제외하고 시간당 12~15번 정도의 의식적인 선택을 하는 셈이죠.

결정이나 선택의 기회가 이렇게 많다는 것은 직감을 훈련할 기회가 많다는 뜻입니다. 선택의 순간마다 직관적인 결정을 내리고 그 결과를 예측해 보는 방식으로 직감을 게임처럼 연습해 보세요. 너무 치열하게 임하기보다 게임을 하듯이 가볍게 하시되 꾸준히 연습해 보면서 이성과 직감의 균형을 맞추는 것이 좋습니다.

직관을 가다듬는 방법

1) '예측 게임' 해보기: 일상에서 일어날 일을 예측해 보는 게임입니다. 점쟁이가 아니고서야 오늘 어떤 일이 일어날지는 알 수 없으니 간단한 것부터 예측해 보세요. 예를 들어, 오늘 만날 사람들의 기분을 예측해보거나, 이메일 제목과 보낸 사람만 보고 무슨 내용일지 상상해 보는 것입니다. 시간도 얼마 안 걸리고 약간의 틈만 있으면 할 수 있는 일들이죠.

하루 중 몇 가지 상황을 선택해 그 결과를 예측해 보는 식으로 예측 게임을 루틴화할 수 있습니다. 예를 들어, 회의하기 전에 '오늘 회의에서 누가 먼저 발언할까?' 예측해 보고, 새로 개업한 가게가 있다면 '이 가게는 장사가 잘될까?' 같은 질문을 던져볼 수 있습니다. 예측 후 실제 결과와 비교해 보는 것을 반복하다 보면, 예측 능력이 좋아지고 직감도 점점 더 예리해질 것입니다.

2) 직감에 귀 기울이기: 직감은 종종 논리적 사고에 밀려 무시되기 쉽지만, 올바른 결정을 내리는 데 중요한 역할을 할 때가 있습니다. 직감이 발동할 때 이를 인식하고, 그 느낌을 신뢰하는 연습이 필요합니다. 작은 결정을 내릴 때는 직감에 따라 보세요. 예를 들어, 점심 메뉴를 고르거나 어떤 길을 갈지 결정할 때 논리보다는 첫 느낌에 따라 결정을 내려 보는 겁니다. 이를 좀 더 체계적으로 연습하려면

직감 일지를 작성하는 것도 한 방법입니다. 직감에 따라 내린 결정들을 기록하고, 그 결과를 추적해 보는 거죠. 시간이 지나면서 자신이 직감을 얼마나 자주 신뢰했는지, 그리고 그 직감이 실제로 얼마나 유용했는지를 분석할 수 있습니다.

더 나아가 논리적 결정과 직감적 결정을 비교·분석해 볼 수도 있습니다. 복잡한 결정을 내릴 때, 먼저 데이터를 기반으로 논리적으로 접근해 보고, 그다음 직감이 가리키는 방향과 분석 결과를 비교해 보는 거죠. 반대로 먼저 직감적인 결정을 내린 후, 나중에 데이터를 분석하며 그 직감이 옳았는지 확인해 보는 것도 좋은 방법입니다. 이렇게 하면 직감과 분석 간의 균형을 찾을 수 있습니다.

3) 예술로 직감 표현하기: 직감을 자신만 알고 있으면 나중에 인지하기도 쉽지 않습니다. 따라서 직감을 외부로 표현하는 연습을 하는 것이 좋습니다. 가장 일반적으로 활용할 수 있는 도구로는 미술, 음악, 글쓰기 등의 예술 활동이 있습니다. 직감적으로 떠오르는 색상이나 형태를 사용해 그림을 그리거나, 특정 감정이나 직감을 멜로디나 리듬으로 표현해 보는 거죠. 예술 표현에 서투르다면, 생성형 AI를 이용해서 간접적으로 표현하는 방법도 있습니다. 논리적이지 않은 직감적 요소를 예술로 풀어내면서 감각을 키울 수 있습니다.

효과적인 창의성 산출 방법, 에디팅

<블레이드 러너>의 평가가
뒤바뀐 이유

<블레이드 러너>는 저주받은 걸작이라는 평가를 받는 SF 영화입니다. '저주받았다'는 표현은 개봉 당시 흥행에 실패했기 때문에 붙여진 평가인데요. 1982년 개봉 당시, <블레이드 러너>는 같은 SF 장르인 <ET>에 밀려 주목받지 못했습니다. 걸작이라는 평가를 받으려면 평론가들의 평이 좋아야 하는데, 당시 평론가들의 반응은 더 안 좋았습니다. 이 영화가 걸작으로 재평가받게 된 것은 감독 리들리 스콧^{Ridley}

^{Scott}이 이후에 감독판을 따로 만들어서 새로운 의미를 창출한 덕분이었습니다.

1990년대 VHS 비디오가 대중화되면서 〈블레이드 러너〉는 다시 재평가되기 시작하는데요, 이에 맞춰 감독은 영화 개봉을 위해 억지로 맞췄던 해피엔딩을 원래 의도했던 모호한 느낌의 결말로 대체합니다. 주인공인 해리슨 포드가 유니콘 꿈을 꾸는 장면을 삽입했는데, 이 장면이 매우 중요한 역할을 해요.

〈블레이드 러너〉는 복제인간들을 사냥하는 헌터인 블레이드 러너의 이야기를 다루거든요. 해리슨 포드는 복제인간들을 색출하고 사냥하는 데 천재적인 솜씨를 발휘하는 블레이드 러너입니다. 그런데 해리슨 포드가 유니콘 꿈을 꾸는 장면을 삽입함으로써 관객들에게 사실 그 역시 복제인간일지도 모른다는 의문을 불러일으킨 거예요. 그래서 영화가 끝나고 극장을 나서면서 연인들은 해리슨 포드가 복제인간인지 아닌지를 두고 논쟁하다가 각자 따로 귀가했다는 우스갯소리도 있을 정도였습니다.

심지어 주연 배우인 해리슨 포드$^{Harrison\ Ford}$와 감독도 이 이슈를 놓고 의견 충돌이 있었다고 하는데요. 해리슨 포드는 끝까지 주인공이 인간이라고 주장했지만, 감독은 모호함을 주장했다고 하죠. 그래서 감독은 관객으로 하여금 릭 데커드가 인간이 아니라 복제인간일지도 모른다는 의구심을 보다 '분명하게' 가질 수 있도록 감독판에서 편집한 것이고요.[8] 그런데 바로 이 부분이 재평가를 받으면서 걸작으로 입에 오르내리기 시작합니다.

줄거리가 바뀐 것도 아니고, 촬영을 다시 한 것도 아니지만, 이미 촬영된 필름의 순서를 약간 바꾸고, 꿈 장면 하나를 삽입함으로써 완전히 다른 느낌을 만들어 낸 거예요. 처음 개봉된 영화는 희대의 망작이 되어서 개봉 당시 대중과 관객들에게 별점 테러를 당한 셈이지만, 편집된 감독판은 SF계의 별과 같은 작품으로 추앙받으며 몇십 년이 지난 지금까지도 언급되고 있죠.

주제까지 바꾸는 강력한 에디팅의 힘

이것이 바로 편집의 힘입니다. 약간의 편집만으로도 눈에 띄게 다른 의미를 창출했고, 그에 따라 평가도 완전히 달라졌습니다. 한때 '악마의 편집'이라는 말이 유행했는데, 이 역시 편집의 힘을 보여주는 예입니다. 악마의 편집이란, 오디션 프로그램에서 일반인 참가자들을 어떻게 편집해서 보여주느냐에 따라 선한 사람도 악마화할 수 있음을 의미하는 말이었어요. 어느 정도 원본이 있으니 사실을 바꿀 수 없다는 생각은 흔히 하기 쉬운 착각이고요, 순서를 바꾸는 것만으로 의미와 느낌이 완전히 달라질 수 있습니다.

그리고 편집을 통해 있던 사람을 존재하지 않았던 것처럼 만들 수도 있습니다. 예능이나 드라마에 출연한 연예인이 나중에 음주 운전 같은 사회적 물의를 일으키면, 마치 처음부터 출연하지 않았던 사람인 것처럼 깔끔하게 삭제되죠.

창작에서 개별 요소보다 중요한 것은 그 요소들을 어떻게 배치하고 연결하느냐 하는 에디팅입니다. 에디팅에 따라 의미가 달라지고, 주제가 바뀌기도 합니다. 뻔한 이야기들이 생각지도 못한 방식으로 연결되면서 창의적인 아이디어가 되기도 하죠.

에디팅의 7대 기술

에디팅이 창의성의 중요한 도구가 되는 이유는 기존의 자료나 아이디어를 새로운 방식으로 변형·결합·재구성함으로써 새로운 의미와 가치를 창출할 수 있기 때문입니다. 단순한 편집이 아닌 창의적인 에디팅은 혁신적인 결과물을 만들어 내는 강력한 과정입니다. 에디팅 과정에 큰 영향을 미치는 기술적인 방법들을 크게 7가지로 정리할 수 있습니다. 바로 재구성, 선택과 집중, 추가와 확장, 결합과 융합, 삭제와 단순화, 새로운 맥락 만들기, 패러디와 오마주인데요, 이를 에디팅의 7대 기술이라고 할 수도 있겠네요. 이 기술들을 잘 익히고 적재적소에 활용함으로써 창의적인 결과물을 만들어 낼 수 있습니다.

1. 재구성 Rearranging

'재구성'은 기존의 자료나 아이디어를 새로운 방식으로 배치하여 다른 의미나 효과를 만들어 내는 것입니다. 전체적인 흐름이나 구조를 바꿔 새로운 의미를 창출할 수 있으며, 순서를 바꾸고 위치를 재배열하는 것만으로도 큰 차이를 만들어 내죠.

같은 이야기라도 A-B의 방식으로 전달하는 것과 B-A의 방식으로 전달하는 것에는 차이가 있습니다. 흔히 이야기꾼이라고 불리는 말을 잘하는 사람들이 있는데, 이들이 말하는 것을 보면 도치와 반전과 같이 이야기의 순서를 바꾸는 방식으로 듣는 사람들의 집중도를 높이는 경우가 많습니다. "그 얘기 알아?"와 같은 말을 서두에 꺼내서 "무슨 얘기?"라는 반응을 끌어내곤 하죠. 사실 처음부터 다짜고짜 그 얘기 아냐고 물어보면, 신기 있는 사람이 아니고서야 그 얘기가 뭔지 알 리가 없잖아요. 그런데도 이런 구성만으로 말하는 사람에게 귀를 기울이게 만드는 거예요.

비슷한 방법으로, 이야기의 플롯을 재배열해서 참신한 느낌을 주거나, 음악에서 멜로디를 재구성해서 파격적인 변화를 시도하거나, 시각적 요소들을 재배열하여 새로운 레이아웃을 만들어 낼 수도 있습니다. 재구성은 요소들의 배치를 바꿔보는 것으로, 일반적이지 않은 새로운 배치를 다양하게 시도해 보면서 창의성을 이끌어 내게 됩니다.

마법, 공주, 여왕, 저주, 왕자, 사랑 같은 요소들은 너무 뻔한 전형적인 스토리들을 자동으로 떠오르게 합니다. 그런데 이 요소들을 재구성하여 새로운 이야기를 만들어 낸 것이 디즈니의 애니메이션 〈겨울왕국〉이죠. 〈잠자는 숲속의 공주〉처럼 빌런이 공주에게 마법을 거는 것이 아니라, 여왕이 마법을 쓰는 것으로 나오고, 〈백설공주〉처럼 왕자의 키스로 공주가 구원받는 이야기 대신 왕자가 구제 불능의 빌런으로 등장하죠. 흔한 왕자와 공주의 사랑이 아닌, 자매의 사랑이 문제를 해결하는 열쇠가 되기도 하고요. 따져보면 동화에 나오는 전형적인 요소들은 다 등장하지만, 그 요소들을 새롭게 배치하여 참신한 스토리를 만들어 냈습니다.

2. 선택과 집중 Selection and Focus

많은 정보나 아이디어 중에서 중요한 요소만을 선택하고 집중하여 강조하는 것 역시 에디팅의 중요한 작업 중 하나입니다. 불필요한 부분을 제거하고 핵심을 드러내는 작업인데, 이때 불필요하다고 생각되는 부분이 주관적일 수 있다 보니 누가 어떤 생각으로 편집하느냐에 따라서 선택되고 강조되는 부분이 달라집니다. 가령, 영상에서 중요한 장면만을 골라내어 편집해 보면, 어떤 장면을 선택하고 어떤 장면을 가리느냐에 따라서 영상의 내용 자체가 달라지는 것을 알 수 있죠.

비즈니스에서 선택과 집중은 굉장히 중요한 능력입니다. 넷플릭스는 원래 우편 DVD 대여 사업으로 시작했지만, 사업을 시작한 초창기에는 대부분의 영화가 비디오 대여로 소비되는 상황이었습니다. 그래서 당시 가장 큰 비디오 대여 체인점인 '블록버스터'에 인수해 달라는 제안을 하기도 했었죠. DVD 타이틀은 많지도 않았고 일반적이지도 않아서 경쟁력이 없었으니까요. 이러한 문제를 극복한 전략이 '추천'입니다. 유저가 이전에 본 DVD 타이틀을 바탕으로 그 사람이 재미있어할 만한 타이틀을 추천했는데, 그 전략이 잘 맞아떨어져 콘텐츠가 적은 DVD로도 비교적 잘 운영할 수 있었습니다.

그러다가 넷플릭스는 스트리밍 서비스로 전환하는 결정적인 선택을 합니다. 기술이 발달하고 인터넷 환경도 좋아지면서 스트리밍 서비스를 해도 무리가 없는 시기가 오자 과감한 선택을 한 것이죠. 동시에 우편 DVD 대여 사업을 할 때 효과를 보았던 추천 서비스를 중요한 서비스로 선택하고 집중합니다. 디지털상에서 더욱더 많은 데이터를 쌓을 수 있게 되면서 추천의 정교함도 올라가고 유저의 만족도 역시 비례해서 높아지게 됩니다.

넷플릭스는 우편 DVD 대여 사업이라는 초창기 비즈니스 모델에서 '콘텐츠'와 '추천'이라는 핵심만 선택하고 집중하여 스트리밍 서비스로 영화를 보여주는 새로운 비즈니스 모델을 최초로 도입했습니다. 그것이 오늘날 영화 산업계의 지형도를 바꿀 정도로 창의적이고 성공적인 비즈니스가 되리라고는 생각지 못했죠. 사실 넷플릭스는 스트리밍 서비스로 잘 나갈 때에도 우편 DVD 대여 사업을 놓지 않고 있었습니다. 미국 로컬 서비스다 보니 글로벌하게 알려지지 않았는데, 2023년 9월에 가서야 25년 만에 이 사업을 종료하게 됩니다. 처음 시작할 때만 해도 로컬 기반의 우편 DVD 대여 사업이 글로벌 기반의 스트리밍 서비스로 성장하리라는 기대도 없었고 계획도 없었죠. 그야말로 핵심 요소를 선택하고 집중하는 과정에서 생긴 창발성이 이끈 결과라고 할 수 있겠습니다.

3. 추가와 확장 Adding and Expanding

선택과 집중이 기존의 아이디어나 요소의 범위를 축소하는 것에 가깝다면, 추가와 확장은 기존의 아이디어나 작품에 새로운 요소를 더하거나 확장하여 창의적인 변화를 만들어내는 과정입니다. 이 과정에서 원래의 내용과는 다른 방향으로 발전할 수 있죠.

가령, 이야기 속에 새로운 캐릭터나 서브플롯을 추가하여 이야기를 확장하면 스토리를 더욱 풍부하게 만들 수 있습니다. 음악에서는 기존 멜로디에 새로운 악기나 리듬을 더해 곡의 분위기를 전환할 수도 있습니다. 비비의 〈밤양갱〉은 쉽고 재미있는 멜로디로 수많은 커버곡을 양산했는데, 그중 하나가 디즈니 스타일로 편곡한 버전입니다. 디즈니 애니메이션에 나오는 음악처럼 풀 관현악기로 편곡하여 원곡과 완전히 다른 분위기의 곡이 되었습니다. 진짜 디즈니 스튜디오에서 제작한 음악 같은 느낌이죠.

비즈니스 분야에서 추가와 확장으로 새로운 서비스를 창출한 예로 아마존 프라임Amazon Prime을 들 수 있습니다. 제프 베이조스Jeff Bezos는 처음 창업한 아마존 쇼핑몰이 잘 되자, 바로 아마존 프라임 회원을 모집했습니다. 2005년에 연회비 79달러로 아마존 프라임 회원을 처음 모집할 때는 이틀 안에 특급으로 도착하는 무료배송이 주 서비스였어요.

배송비를 지불하는 대신 프라임 서비스를 선택하는 고객들이 많아지면서 회원 수가 금방 늘어나자, 아마존은 이 프라임 서비스의 범위를 확대합니다. 2011년에는 프라임 비디오Prime Video를 도입하여 프라임 회원들에게 무제한 스트리밍 서비스를 제공하기 시작했고, 이후 스트리밍 음악 서비스인 프라임 뮤직, 이북을 무료로 제공하는 킨들 도서관 등 다양한 혜택을 추가했습니다. 그야말로 회원들을 위한 종합 서비스를 제공한 것이죠. 특히, 연간 쇼핑 이벤트인 '아마존 프라임 데이'는 프라임 회원에게만 특별 할인을 제공하는 날로, 아마존의 매출 증대에 큰 기여를 하고 있습니다.

지금은 회비가 올라 연 139달러 혹은 월 14.99달러를 내는데, 전 세계에서 2억 명 이상이 가입해 있는 만큼 구독료만으로도 꽤 큰 수입을 올리고 있습니다. 무엇보다 구독자들은 돈을 지불한 만큼 혜택을 최대한 누리기 위해 대부분의 쇼핑을 아마존에서 하게 됩니다. 이에 따라 락인Lock-in 효과*가 생기고, 이들이 아마존에서 소비하는 금액은 아마존의 주요 수익원이 됩니다.

처음에 무료배송 클럽 정도의 개념으로 시작했던 아마존 프라임 서비스는 여러 서비스가 추가되고 범위가 확장되면서 지금은 그야말로 종합적인 서비스를 제공하는 비즈니스가 되었습니다. OTT로 따지면, 전 세계에서 가장 많은 회원을 보유한 넷플릭스가 2억 6천만 명 정도인데, 아마존 프라임의 회원은 2억 명이 넘으니 OTT 비즈니스로만 봐도 엄청난 경쟁력을 가진 셈이죠.

4. 결합과 융합 Combining and Fusing

서로 다른 두 가지 이상의 아이디어, 스타일, 자료를 결합하여 새로운 창작물을 만들어내는 '연결'은 앞서 살펴보았던 창의력을 만드는 과정에서도 매우 유용한 도구였죠. 에디팅에서도 이 연결은 매우 유용한 방법입니다. 1＋1＝2가 되는 것이 아니라, 1＋1＝A가 될 때도 있으니까요. 서로 다른 요소가 연결되면서 상상하지 못했던 혁신

* 특정 재화나 서비스를 한 번 이용한 후 기존의 것을 계속 이용하려는 경향

적인 결과물이 나올 수 있습니다.

넷플릭스에서 K-드라마가 인기를 얻게 된 시작점이 된 드라마는 김은희 작가의 〈킹덤〉인데요, 좀비물과 사극을 연결시켜 조선시대 좀비라는 전무후무한 장르물을 만들어 냈죠. 전 세계적인 호응도 얻었고요. 기술과 예술을 결합하여 디지털 아트라는 완전히 새로운 장르가 탄생했듯이, 서로 다른 분야가 융합되면 기존에 없던 창의적인 산출물이 나올 수 있습니다.

2024년 하반기에는 놀라운 일이 일어났는데요, 블랙핑크 출신의 가수 로제가 팝 스타인 브루노 마스$^{Bruno\ Mars}$와 협업하여 제작한 〈APT〉라는 노래가 소위 '대박'을 터뜨린 겁니다. 공개 22일 만에 유튜브에서 3억 뷰를 돌파하고, 빌보드^{Billboard} 차트와 스포티파이^{Spotify} 차트를 휩쓸었죠. 그런데 이 노래는 한국의 대표적인 술자리 게임인 '아파트 게임'에 랩과 멜로디를 얹은 곡입니다. 로제는 '술자리 게임을 노래로 만들어도 되나'라는 생각에 발매 하루 전에 엎을 생각까지 했다고 하죠. 하지만 스태프들이 '아파트'로 시작하는 도입부에 이미 중독되었다고 하는 말을 듣고 마음을 바꿔서 발매를 강행했다고 하는데, 이 곡이 전 세계적으로 열풍을 일으킨 겁니다. 술자리 게임과 K-Pop이라는 완전히 이질적인 분야가 만나서, 찬신한 메가 히드곡이 탄생한 것이죠.

5. 삭제와 단순화 Deleting and Simplifying

삭제와 단순화는 복잡한 것을 단순화하고 불필요한 부분을 제거하는 것을 뜻합니다. 복잡한 문장 구조를 단순하게 재구성해서 메시지를 더 명확하게 전달하거나, 디자인에서 불필요한 요소를 제거하여 보다 깔끔하고 명확한 결과물을 만들어 낼 수 있습니다. 이는 미니멀리즘과도 통하는데요, 복잡하고 부수적인 요소를 제거하고 단순화할수록 본질은 더욱 잘 드러나게 됩니다.

본질을 부각시키기 위해서 삭제와 단순화를 할 수도 있지만, 불필요한 요소를 제거하는 과정에서 본질을 발견할 수도 있습니다. 덴마크의 장난감 기업 레고는 1932년 목수 올레 키르크 크리스티안센 Ole Kirk Christiansen이 창업한 회사입니다. 레고는 블록 장난감의 원조인데요, 처음에는 선풍적인 인기를 끌었지만, 2000년대 초반 큰 위기를 맞이합니다. 비디오 게임이 아이들의 여가 시간을 빼앗아가고 있었고, 제품 라인이 지나치게 복잡해지면서 유통비용과 생산비용이 급격하게 증가했거든요. 결국 레고는 2003년과 2004년 연속 큰 폭의 적자를 기록하며 파산 위기에 내몰렸습니다.

이 위기를 극복하고자 레고는 삭제와 단순화를 시행합니다. '본질로 돌아가기'로 한 것입니다. 레고의 강점은 단순한 블록을 사용해 아이들이 상상력을 발휘하여 무엇이든 만들 수 있다는 점이었습니다. 레고는 이 강점에 다시 초점을 맞추기로 했습니다. 복잡한 특수 부품 대신, 기본적인 레고 브릭을 중심으로 제품을 재구성함으로써 제품라인을 단순화하고, 소비자들이 창의적인 놀이를 경험할 수 있도록 했습니다. 또한 레고 시티, 레고 크리에이터, 레고 스타워즈와 같은 인기 있는 핵심 제품군에 집중했습니다. 이들 제품은 기본 브릭을 중심으로 구성되어 있어서 소비자들이 레고의 본질인 창의적 놀이에 더욱 집중할 수 있었습니다. 특히 레고 시티와 같은 테마는 아이들이 자유롭게 도시를 건설하고, 다양한 캐릭터와 상황을 만들 수 있도록 장려했습니다. 결과적으로 이 전략은 성공했고, 레고는 다시 한번 전성기를 누리게 됩니다.

그렇다고 단순화를 통해 본질로 돌아간다는 것이 무조건 삭제하는 것만을 뜻하지는 않습니다. 단순화를 통해 본질이 명확해지면, 그 본질을 확장할 수도 있거든요. 레고는 자유롭게 블록을 조립해서 창의성을 펼친다는 본질을 발견하고, 이를 고관여 제품으로 확장하기도 했습니다. 바로 '레고 아이디어^{LEGO Ideas}'라는 프로그램을 시작한 것인데요, 이는 팬들이 직접 제품 아이디어를 제안하고 투표를 통해 실제로 제품화하는 프로슈머 기반 프로젝트였습니다. 이 프로그램에서는 레고 팬들이 웹사이트에 접속하여 자신만의 레고 세트 디자인과 개념을 제안합니다. 그다음 전 세계 다른 레고 팬들로부터 제안된 아이디어에 대해 투표를 받습니다. 그중 1만 표 이상을 받은 아이디어가 다음 단계로 가게 되죠. 최종 단계에서 레고 디자인 전문가 패널의 검

AI 시대 창의적 인간

토를 거쳐 디자인, 안전성, 가격 등 아이디어에 대한 종합적인 평가가 이루어지는데요, 여기서 제품화 여부가 결정되면 팬의 아이디어는 정식 레고 제품으로 생산되어 전 세계에 출시됩니다. 게다가 아이디어 제공자는 로열티를 받는 혜택도 누리게 됩니다.

레고를 애정하고 레고의 매력이 무엇인지 잘 아는 덕후들이 그 매력을 극대화할 수 있는 제품을 스스로 만든 것이니 소비자로서도, 그 상품을 보유하게 된 레고로서도 이득이죠. 그리고 이미 이 상품을 눈독 들이는 1만여 명의 잠재 고객을 확보한 상태에서 판매를 시작할 수 있다는 이점도 있습니다.

'레고 블록을 사용해 창의성을 펼친다'는 본질을 조금 더 큰 범위로 넓혀 '레고 상품을 만들어 창의성을 펼친다'는 것으로 확장한 것인데, 결국에는 비즈니스를 본질로 단순화한 것이죠.

6. 새로운 맥락 만들기 Creating a New Context

'이서진이라는 도시 스타일의 배우를 농촌에 데려다 놓고 삼시세끼를 직접 요리하게 하면 어떻게 될까?'라는 호기심에서 출발하여 탄생한 예능이 tvN의 히트작 〈삼시세끼〉입니다. 이 프로그램이 성공하자 '차승원이라는 스타일리시한 배우를 어촌에 데려다 놓고 삼시세끼를 직접 해 먹으라고 하면 어떻게 될까?'라는 변형된 아이디어로 후속편이 만들어졌죠. 이렇게 기존의 아이디어를 전혀 다른 맥락에 배치하면 새로운 의미나 효과를 만들어낼 수 있습니다.

500년 전 셰익스피어의 희곡 〈로미오와 줄리엣〉을 현대 뉴욕이라는 도시로 가져와 탄생한 작품이 뮤지컬 〈웨스트 사이드 스토리〉입니다. 고전적인 사랑 이야기가 현대적 배경과 만나면서 단순한 리메이크 이상의 느낌을 주는 작품이 되었습니다. 음식이 매력적이지 않기로 유명한 런던이라는 맥락에 베이글이라는 뉴욕 스타일의 음식을 접목한 '런던 베이글'이라는 유명 빵집도 있죠. 뉴욕의 상징과도 같은 베이글이 런던이라는 어색한 맥락 속에서 오히려 신선한 느낌을 주면서 브랜드 구축에 성공했습니다.

2024년 파리 올림픽에서 한국 양궁팀은 그야말로 압도적인 활약을 펼쳤는데요, 양궁에 배정된 금메달을 모두 휩쓸어서 다른 나라 선수들은 금메달을 볼 기회조차 갖지 못할 정도였죠. 그만큼 양궁팀의 경기는 올림픽이 열릴 때마다 전 국민의 뜨거운 관심을 받곤 했습니다. 그런데 이번 올림픽에서 경기 중계를 보며 눈길을 끈 것은 활을 쏘는 선수들 뒤편으로 보이는 궁전이었습니다.

파리 올림픽은 탄소발자국을 최소화한 환경친화적 올림픽을 표방하면서, 경기장을 새로 짓기보다는 기존 시설물과 문화재를 최대한 활용해 진행되었습니다. 그래서 개막식을 비롯한 여러 스포츠 경기가 경기장에 국한되지 않고 파리 시내 곳곳에서 열렸습니다. 양궁 경기는 앵발리드 광장Esplanade des Invalides에서 진행되었죠. 앵발리드는 군사적 업적을 남긴 위인들의 묘지와 예배당, 군사박물관이 있는 기념관으로, 나폴레옹의 묘도 이곳에 자리하고 있습니다.[9]

흥미로웠던 점은 문화재라는 맥락 속에서 양궁 경기를 바라보니까, 확실히 기존의 올림픽 경기와는 다른 신선한 느낌이 나더라는 것이죠. 그리고 파리는 이로 인해 실질적인 이익도 얻었는데요. 캐스터가 "여기는 앵발리드입니다"를 반복해서 언급하다 보니 시청자들은 그 장소의 이름을 자연스레 외우게 되었고, '나중에 저 궁정에 한번 방문하고 싶다'는 생각까지 하게 만들었습니다. 한 나라의 관광지를 세계인들에게 각인시키는 것은 어려운 일인데, 파리는 올림픽을 통해 자국의 문화적 유산을 동시에 중계한 셈입니다.

파리 올림픽은 스포츠는 경기장 안에서 치러진다는 일반적인 상식을 깨고, 스포츠를 파리라는 맥락에 배치함으로써 완전히 새로운 올림픽을 만들어 냈습니다. 바스티유 감옥에서 헤비메탈 공연이 펼쳐지고, 셀린 디옹Celine Dion이 에펠탑에서 노래를 부르며, 선수단은 센 강에서 배를 타고 입장했죠.[10] 스포츠뿐만 아니라 파리가 가진 역사와 예술이라는 콘텐츠를 전 세계인이 즐기게 한 것입니다.

7. 패러디와 오마주 Parody and Homage

패러디는 문학, 음악 등 기존 작품의 어떤 특징적인 부분을 모방하여 자신의 작품에 집어넣는 기법을 의미합니다.[11] 최근에는 문학, 음악 외에도 영화, 광고, 밈 등 다양한 콘텐츠 영역에서 패러디가 사용됩니다. 그리고 오마주는 주로 영화 용어로 쓰이는데, 프랑스어로 '존경'을 뜻합니다. 존경하는 작가의 작품에 영향을 받아 그와 비슷한 작품을 창작하거나 원작 그대로 표현하는 것을 말합니다.[12]

패러디는 원작을 조금 비틀어서 유머러스하게 만들거나 비판의 뜻을 담는 반면, 오마주는 원작에 대한 존경의 의미를 담습니다. 디테일의 차이는 있지만, 원작을 벤치마킹한다는 점에서는 유사하죠. 이 과정에서 창의적인 변형을 통해 유머와 창의성을 결합한 독특한 결과물이 나올 수 있습니다.

팔도 비빔면은 1984년 처음 출시된 후 지금까지 비빔라면계에서 1위 자리를 굳건히 지키고 있는 베스트셀러 제품입니다. 특히 여름철이면 수요가 급증하며, 가정에서는 일반 라면, 짜장라면과 함께 상시 재고로 구비해 두는 필수 아이템 중 하나가 되었습니다. 팔도 비빔면에 도전하는 여러 경쟁 제품이 있었지만, 팔도 비빔면이 꾸준히 사랑받을 수 있었던 비결은 다양한 시도를 통해 브랜드 아이덴티티를 효과적으로 유지한 데 있습니다.

특히 팔도 비빔면은 소비자의 피드백을 적극 반영하는 것으로 유명합니다. 2022년에 BTS의 RM이 팬들과의 라이브 방송에서 비빔면을 두 개 먹어서 속이 부대낀다며 "한 개는 부족하고 두 개는 배부르니 1.5배를 내주셨으면 좋겠다"고 말한 적이 있습니다. 팔도는 이 요구에 부응해서 즉시 양이 20퍼센트 증량된 1.2배 비빔면을 내놓았습니다. 그런데 1.2배 비빔면이 출시된 것은 이번이 처음이 아니었습니다. 2015년 만우절 이벤트로 '팔도 비빔면 1.5인분' 출시 소식을 알렸는데, 사실 이는 만우절 농담이었습니다. 그런데 실제로 1.5인분을 원하는 소비자들의 요청이 이어졌어요. 비빔면을 즐기는 사람들은 누구나 공감하는 부분이 팔도 비빔면의 애매한 양이었거든요. 결국 2016년에 면과 액상 소스를 20퍼센트 증량한 '팔도 비빔면 1.2'가 1,000만 봉지 한정으로 출시되었습니다. 그리고 시간이 흘러 2022년에 RM이 한 말을 계기로 다시 한번 '팔도 비빔면 1.2'를 출시한 겁니다.

2017년 만우절에는 기업 블로그에 "만능 비빔장을 출시했다"는 게시글을 올렸는데, 이에 대한 제품화 요청이 쏟아지자 한 달 만에 실제 제품 개발에 나섰고, 마침내 정식 판매를 시작했습니다.

2023년 만우절 무렵에는 SNS에 말도 안 되는 황당한 게시물이 떠돌았습니다. 딸기 비빔면이 출시되었다는 소식이었는데요. 비빔면에 딸기라니, 무언가 괴상한 음식 같은 느낌이 들어서 많은 화제가 되었습니다. 그런데 놀랍게도, 팔도에서는 2024년 봄에 봄 한정으로 '팔도 비빔면 딸기맛'을 제품화해서 내놓습니다. 자사 제품을 패러디한 인터넷 밈을 다시 한번 패러디해서 실제 제품으로 출시한 것이죠.

이쯤 되면 만우절 거짓말에 진심인 기업이 팔도라고 할 수 있겠습니다. 사실 팔도는 만우절 이벤트에 그치지 않고, 소비자 반응이 좋은 다양한 한정판 상품들을 꾸준히 선보이고 있습니다. 그리고 새로운 제품을 만들 때 패러디 형식으로 인터넷에 떠도는 소비자의 피드백과 기대를 반영합니다. 그 덕분에 비빔면은 나온 지 40년이 된 제품인데도 여전히 힙하고 트렌디한 느낌을 줍니다. 계절 에디션, 한정판 에디션 등 다양한 시도를 통해 '올해는 어떤 비빔면이 나올까?' 하는 기대감을 주고, 소비자들이 계속해서 새로운 비빔면을 찾게 만들죠.

AI 시대 창의적 인간

창의성의 총합은
매니지먼트로

"Think Different"는
외주사의 작품

"Think Different". 광고계에서 가장 유명한 슬로건 중 하나인 이 말
은 1997년 위기에 빠진 애플에 스티브 잡스가 복귀하면서 시작되었
습니다. 일찍이 애플은 독창적이지만 독선적이기도 한 창립자 스티브
잡스를 쫓아내고 대중적인 길을 걸으려 했지만, 오히려 수익성 악화
와 경영 혼란으로 파산 직전의 위기에 놓이게 됩니다.

파산을 맞을 바에야 차라리 스티브 잡스의 독설을 감수하는 것이

낫겠다고 생각했는지, 애플은 창립자 스티브 잡스를 다시 복귀시키며 회생을 도모했습니다. 잡스는 애플을 혁신적인 기술 회사로 재도약시키고 브랜드 이미지를 회복하기 위해 우선 애플의 광고 캠페인부터 혁신하고자 했습니다. 이때 나온 슬로건이 바로 "Think Different"입니다. 문법적으로 동사 뒤에 형용사 'Different'가 아니라 부사 'Differntly'가 와야 올바른 게 아니냐는 지적도 있었는데요. 애플은 이에 대해 사실은 'Think Something Different'의 줄임말이라고 설명했다고 하죠.[13] Differently라고 하면 '다르게 생각하기' 정도로 번역되지만, Something Different는 '다른 것을 생각하기'라는 뜻이 됩니다. 한 단어의 차이로 의미가 크게 달라지죠. 일상적인 것에 약간의 변형을 주는 것이 '다르게 생각하기'라면, '다른 것을 생각하기'는 일상 자체에 대한 혁명이고 반전이거든요.

이 슬로건이 담긴 첫 광고는 1997년 9월 TV에서 방영되기 시작했으며, 인쇄 매체와 옥외 광고에도 사용되었습니다. 그리고 큰 성공을 거두며 애플의 브랜드 이미지를 획기적으로 변화시켰습니다. 단순히 제품을 판매하는 회사를 넘어 애플이 창의성과 혁신을 상징하는 브랜드로 자리매김하도록 만들었죠. 또한 이 캠페인은 스티브 잡스의 비전과 철학을 완벽하게 반영했습니다. 잡스는 애플이 항상 다르게 생각하고, 세상에 변화를 일으킬 수 있는 기술을 만들어야 한다고 믿었습니다. "Think Different"는 잡스가 애플을 통해 전달하고자 했던

ㅣ "Think Different"를 표현하는 그림

메시지와 일치했으며, 그 뒤를 이어 아이맥, 아이팟, 아이폰 같은 혁신적인 제품이 출시되면서 이 슬로건의 의미는 더욱 강화되었습니다.

이쯤 되니 "Think Different"가 당연히 스티브 잡스의 아이디어라고 생각하기 쉽지만, 사실 이 슬로건은 광고 대행사인 TBWA 미디어 아트랩^{Media Arts Lab}의 작품입니다. 이 광고 대행사는 애플의 광고를 전담해온 곳으로 유명한데요, 스티브 잡스의 철학과 잘 어울리는 이 슬로건은 그가 직접 고안한 것이 아니라, 오더를 해서 나온 여러 시안 중에서 고른 것입니다. 이제는 단순한 광고 슬로건을 넘어 애플의 혁신 정신과 브랜드 가치를 상징하는 대표적인 표어로 자리 잡았죠.

스티브 잡스의 직무는
매니지먼트

스티브 잡스는 기술자가 아니라 매니저였습니다. 그의 주 업무는 매니지먼트였죠. 일반적으로 매니저라고 하면 식당에서 홀을 총괄하는 업무를 떠올리시는 분들이 많은데요. 사실 매니지먼트는 경영 전반을 아우릅니다. 여러 가지 프로세스나 자원을 최적화하여 각종 업무가 목적에 맞는 최고의 성과를 낼 수 있도록 관리하는 일이 매니지먼트입니다. A라는 사람보다 B라는 사람이 일에 더 적합하다 싶으면 A를 해고하고 B를 고용한다든가, 생산관리 시스템을 새롭게 도입하면 시간당 생산량이 더 증대된다는 시뮬레이션 결과에 따라 새로운 시스템을 도입하는 등의 결정이 모두 매니지먼트 영역에 속합니다.

스티브 잡스는 이와 같은 매니지먼트 업무에 능했습니다. 아이폰은 매우 중요한 프로젝트였지만, 실제로 애플이 직접 생산하지는 않았어요. 아이디어를 실현하는 데 필요한 업체들을 모아서 프로젝트팀을 꾸렸죠. 이에 따라 칩셋은 삼성전자가, 터치스크린 패널은 독일의 발라드 파워 시스템이, LCD 패널은 LG 디스플레이가, 그리고 조립은 대만의 폭스콘이 담당했습니다. 즉 부품부터 조립까지 아이폰 제작에 필요한 모든 것이 외부 업체에서 이루어졌죠. 스티브 잡스는 자신의 아이디어와 계획에 따라 여러 회사를 모으고, 당근과 채찍을 써가며

AI 시대 창의적 인간

조율해 아이폰을 만들어 낸 거예요. 애플에서 직접 한 것은 디자인뿐이었습니다. 스티브 잡스는 디자인에 맞춰서 각 부품업체에 납품을 요구했습니다. 처음에는 불가능하다는 피드백을 받기도 했으나, 결국에는 그의 타협하지 않는 요구(고집이라고도 부르죠)에 성능을 맞춰주게 됩니다. 제품이 출시된 후 마케팅과 홍보 역시 외주로 진행했고요.

스티브 잡스는 획기적인 계획을 수립했습니다. 더 이상 새로울 것 없던 핸드폰 시장에 변화를 일으킬 새로운 기기가 등장할 때라고 판단하고, '핸드폰 + 휴대용 인터넷 디바이스 + 아이팟'을 하나로 결합하는 개념의 스마트폰을 구상한 것이죠. 그리고 미니멀하고 깔끔한 디자인과 세상에서 가장 편리한 입력장치인 손가락이라는 요소를 이 복합적인 기계의 매력 포인트로 삼았습니다.

한데, 이 새로운 기계는 그전까지는 시장에 없던 새로운 제품이었기 때문에 수요 조사 자체를 할 수 없었습니다. 결국 이 제품의 개발과 출시를 결정하는 데 스티브 잡스의 직관이 가장 결정적인 역할을 한 것이죠. 스티브 잡스는 "대개 사람(소비자)들은 당신이 뭔가를 보여주기 전까진 자신이 정말 원하는 게 뭔지 모른다."[14]라고 말하기도 했습니다. 자신의 촉을 과할 정도로 확신하고 믿었던 사람인데, 과거의 성공 경험과 지인들과 나눈 대화가 이 촉을 가다듬는 역할을 했어요. 스티브 잡스와 인연이 있던 지인들의 이야기에 따르면, 잡스는 제품 개발 과정에서 이들에게 제품을 보여주고 피드백을 구하며 반응을

살폈다고 합니다.[15]

아이폰이라는 제품은 아이디어 자체도 혁신적이지만, 제품 개발 과정에서 '편집의 힘'을 제대로 발휘한 사례라 할 수 있습니다. 애플은 모든 것을 자체적으로 개발하고 생산하는 대신, 여러 업체를 필요에 따라 선택하고 배치하여 가장 효과적인 생산 시스템을 구축했죠. 재미있는 점은 애플의 미국 엔지니어들이 아이폰을 양산해 낸 제조 경험이 없었다는 것입니다.[16] 그럼에도 애플은 혁신적인 기세를 완성해 낸 창의적인 회사로 자리매김했습니다. 결국 중요한 것은 매니지먼트인 거죠.

1인 마케터가 일하는 방식

1인 마케터가 일하는 모습을 상상해 봅시다. 마케터는 항상 트렌드에 민감해야 하기에 세 개 정도의 OTT를 구독하고, SNS와 인터넷을 살피는 것을 게을리하지 않습니다. 저녁에는 다양한 모임에 참석해 사람들을 만나고, 주말에는 독서도 조금 하고, 무엇보다 가족과 즐거운 시간을 보내죠.

지난달 독서 모임에 갔다가 만난 중소기업의 대표를 통해 마케팅 의뢰가 들어온 적이 있습니다. 맛있는 글루텐 프리 빵을 출시했는데,

이 빵을 마케팅해 달라는 의뢰였죠. 그래서 가장 먼저 글루텐 프리 빵의 콘셉트를 잡았습니다. 건강한 빵, 다이어트에 도움 되는 빵, 고지혈증이나 당뇨병 걱정을 안 해도 되는 빵, 맛있으면서도 몸에 좋은 빵 등 다양한 콘셉트들을 늘어놓고 선택하는 것이죠. AI와 대화하며 구체적인 콘셉트를 잡고, 콘셉트에 알맞은 슬로건을 만들 수 있습니다.

콘셉트와 슬로건이 정해지면 이를 바탕으로 스토리도 짜봅니다. SNS에 올리기 좋은 그림과 영상을 만들고, 영상에는 짧지만 로고송 비슷하게 멜로디를 넣고 싶습니다. 이 모든 것을 생성형 AI를 통해 만들 수 있습니다. 심지어 AI를 활용해 자료 100개를 단시간에 생성하는 것도 가능하죠.

하지만 이 자료들을 모두 그대로 쓸 수는 없습니다. 뻔하거나 트렌드에 맞지 않는 것, 전체 콘셉트에서 벗어난 것들을 걸러내야 합니다. 그리고 남은 것 중에서 좀 더 대중들에게 어필하고, 매력적으로 보일 만하고 들릴 만한 것을 신중하게 선별해야 하죠. 이때 본인이 빵을 너무 좋아하고 빵지 순례도 자주 다니는 마케터라면, 소비자들의 기호, 취향, 경험을 잘 파악할 수 있기에 큰 도움이 됩니다.

이제 이렇게 선별한 스토리, 슬로건, 그림, 영상들을 나열하고 재배치해 봅니다. 스토리의 전개 순서를 바꿔 보면서 좀 더 흥미를 끌 만한 요소를 찾고, 영상에는 건강을 강조하는 요소를 조금 더 넣어서 발전시킵니다. 이렇게 편집하는 과정을 거쳐 캠페인들을 최적화합니다.

이러한 마케팅 소스가 준비되면 이제 이것을 어떻게 릴리즈하고, 어떤 플랫폼에서 보여줄지 계획합니다. 1인 마케터니까요. 헬스 유튜버에게 빵 광고를 의뢰해서 몸 관리를 하는 사람들도 먹을 수 있는 빵으로 소개할지, 아니면 트렌디한 인플루언서에게 의뢰해서 핫한 유행 템으로 소개할지를 결정합니다.

임신·출산·육아 맞춤 건강간식 큐레이션 '맘마레시피'를 운영하는 잇더컴퍼니의 김봉근 대표는 처음에 엄마들을 대상으로 '맘마레시피'를 광고했지만 잘 팔리지 않았습니다. 그래서 광고 대상을 남편, 부모님, 친구들로 바꿨다고 합니다. 그랬더니 출산을 한 사람들에게 선물하는 선물템으로 인기를 끌어서 히트를 치게 되었다고 하죠.

이 모든 것들이 크리지먼트의 요소가 됩니다. 광고하는 콘텐츠는 물론, 마케팅 방법과 마케팅의 전체적인 맥락까지 고려해 창의적인 결과를 내게 되는데, 이 과정에서 AI를 잘 활용하면 혼자서도 충분히 운영 가능한 비즈니스가 되는 것이죠.

작가를 꿈꾸는 직장인

한 직장인의 꿈을 따라가 봅니다. 직장인 K는 원래 소설가를 꿈꾸었지만, 꿈으로만 남겨둔 채 지금은 꿀을 파는 회사의 경영지원 파트에

AI 시대 창의적 인간

서 근무하고 있습니다.

그런데 얼마 전 책을 보다가 생성형 AI에 대해 알게 되었고, 유튜브를 통해 다양한 생성형 AI를 익히게 되었습니다. 웹소설이 유행하고 E-Book 출판이 비교적 쉽다는 것을 알게 되자, 자신의 오랜 꿈이었던 소설을 써보겠다고 결심하죠. 하지만 아쉽게도 꿈과 현실 사이에는 괴리가 존재합니다. 사실 K가 작가가 되지 못한 이유는 글쓰기 능력이 그다지 뛰어나지 못해서였습니다. 그래도 가능한 것만 꿈꿀 수 있는 것은 아니니까요.

K는 먼저 챗GPT에 아이디어를 요청했습니다. "한국 고대 설화에 나오는 괴물을 현대 사회에 불러냈을 때 벌어질 일에 대한 스토리를 다섯 가지 정도 제시해 달라"고 한 거죠. 그랬더니 불가사리와의 전쟁, 도깨비의 도시 정복, 구미호와의 치명적인 계약, 이무기와의 대결, 불한당과의 맞대결이라는 다섯 가지 스토리를 추천해 주네요. 그중에 '도깨비의 도시 정복'이 재미있어 보입니다.

도깨비들의 장난을 잘 묘사하면 재미있는 이야기가 될 것 같고, 그 과정에서 주인공들이 성장하는 모습을 넣으면 적당히 감동적인 대중

2. 도깨비의 도시 정복

- 스토리: 어느 날, 도깨비들이 도시로 돌아와 사람들에게 장난을 치기 시작합니다. 도깨비들은 과거와 달리 스마트폰과 같은 현대 기술을 다루는 법을 금세 익히고, SNS를 통해 자신들의 존재를 과시합니다. 도깨비들의 장난이 점점 심해지면서 도시 전체가 혼란에 빠지게 됩니다. 주인공은 도깨비들을 막기 위해, 도깨비들과 친구가 되어 그들을 현대 사회에 적응시키고 그들의 에너지를 긍정적으로 활용하는 방법을 모색하게 됩니다.

소설로 발전시킬 수 있을 것 같네요. 그래서 이 이야기를 구체화하기로 합니다. 일단 이렇게 요청했어요. "도깨비의 도시 정복 이야기를 조금 더 발전시켜 줘. 기-승-전-결의 구조로 짜고, 거기에 도깨비의 폭주를 막는 양궁선수, 해커, 오토바이 배달 기사로 이루어진 팀의 이야기를 가미해줘."

그랬더니 바로 다음과 같은 스토리가 나왔습니다.

도깨비의 도시 정복

기起: 도깨비들의 부활

현대의 어느 날, 서울 도심 한복판에서 오래된 사찰이 철거되는 순간, 묻혀 있던 고대의 도깨비들이 부활합니다. 이 도깨비들은 현대 기술에 금세 적응하여 스마트폰, 인터넷, SNS 등을 자유롭게 활용하며 도시 곳곳에서 장난을 치기 시작합니다. 사람들은 처음에는 도깨비들의 장난을 그저 재미있게 받아들이지만, 도깨비들의 행동이 점점 더 과격해지고 위험해지면서 상황은 급속도로 악화됩니다.

승承: 도깨비들의 폭주

도깨비들은 점점 더 많은 힘을 얻고, 도시 전역에서 폭주를 일삼습니다. 그들은 전기와 인터넷을 장악하고, 교통 시스템을 혼란에 빠뜨리며, 금융 시스템까지 손대기 시작합니다. 도시의 인프라는 도깨비들에 의해 점차 마비되고, 시민들은 극심한 혼란과 공포에 빠집니다. 도시를 구하기 위해 정부는 비상사태를 선포하지만, 도깨비들의 강력한 힘 앞에서는 속수무책입니다.

전轉: 히어로 팀의 결성

한편, 도깨비들의 장난과 폭주를 멈추기 위해 세 명의 주인공이 힘을 합칩니다. 첫 번째 주인공은 국가대표 양궁선수로, 그녀는 정확한 사격 실력으로 도깨비들의 공격을 막을 수 있는 유일한 인물입니다. 두 번째 주인공은 해커로, 그는 도깨비들이 장악한 디지털 시스템을 해킹하여 도시의 통제권을 되찾으려 합니다. 세 번째 주인공은 오토바이 배달 기사로, 그는 도시의 구석구석을 빠르게 이동하며, 팀원들에게 필요한 정보를 전달하고 도깨비들을 추적하는 데 중요한 역할을 합니다.

이들은 각자의 능력을 활용해 도깨비들의 약점을 찾아내고, 그들을 다시 봉인할 계획을 세웁니다. 해커는 도깨비들이 과거 자신들의 힘을 강화하기 위해 사용했던 고대의 유물과 문서들을 온라인에서 찾아냅니다. 양궁선수는 그 유물들을 이용해 도깨비들의 힘을 약화시키고, 결정적인 순간에 도깨비를 봉인할 화살을 만들어 냅니다.

배달 기사는 팀을 이끌며 도깨비들이 숨어 있는 장소들을 찾아내고, 전략적으로 공격할 계획을 수립합니다.

결結: 도깨비들의 봉인

마침내, 세 사람은 도깨비들의 본거지인 서울 타워로 향합니다. 그곳에서 도깨비들은 서울 전체를 장악하기 위한 마지막 공격을 준비하고 있습니다. 해커는 서울 타워의 시스템을 해킹하여 도깨비들의 통제권을 약화시키고, 양궁선수는 치명적인 한 발을 준비합니다. 배달 기사는 도심의 복잡한 도로망을 통해 도깨비들을 유인하며, 팀의 계획을 지원합니다.

결국, 양궁선수는 결정적인 순간에 도깨비들을 봉인할 화살을 발사하고, 도깨비들은 다시 어둠 속으로 사라지게 됩니다. 도시는 서서히 평화를 되찾고, 세 명의 영웅은 자신들의 역할을 마치고 각자의 자리로 돌아갑니다. 시민들은 도깨비의 존재를 잊어가지만, 이들은 언제든 다시 돌아올 수 있다는 경고를 남깁니다.

에필로그

도시가 다시 평온을 되찾은 후, 세 명의 주인공은 각자의 자리에서 평범한 일상을 이어갑니다. 그러나 그들은 이번 사건을 통해 서

로의 가치를 깨닫고, 언제든 다시 함께할 준비가 되어 있습니다. 그
리고 그들의 이야기는 전설처럼 전해지며, 도시의 새로운 수호자로
남게 됩니다.

기-승-전-결로 이루어진 비교적 무난하고 평범한 스토리죠. 이 정
도의 스토리 구성은 앞서 얘기한 단 두 개의 명령어로 나오고, 시간도
1분밖에 안 걸립니다. 같은 방식으로 또 다른 스토리를 요구할 수도
있습니다. '처음 설정에 반전을 넣어라', '영웅의 12단계 성장 구조를
따르라'와 같은 추가 요구를 통해 다양하고 구체적인 스토리를 생성
할 수 있습니다.

이렇게 나온 스토리 중에 하나를 기본으로 삼아 이제 장면별로 세
부 내용을 다듬어 가면 됩니다. 독자들이 좋아할 만한 장면이나 설정,
대사는 살리고 진부해 보이는 내용은 새로운 설정을 요구하여 다듬
어 나가는 것이죠.

그런데 글을 읽다가 문득 상상을 이미지화해 볼까 하는 생각이 듭
니다. 현재 나온 스토리를 바탕으로 하면 어떤 이미지가 생성될지 한
번 그림 생성 AI를 이용해 보기로 합니다. 1분 만에 나온 스토리를 그
대로 살리면서 이 내용을 그림으로 표현해 달라고 요청했습니다.

처음에 나온 그림은 위와 같았습니다. 처음이라 어설픈 게 많죠? 비율도 맞지 않고요. 무엇보다도 큰 문제는 한국적인 느낌이 없어요, 도깨비의 모습도 고블린에 가깝고, 주인공 여성은 마치 엘프 같은 모습이네요. 그래서 한국적인 모습으로 한 번 더 그려 달라고 요청했습

AI 시대 창의적 인간

니다.

다시 생성된 그림에서는 주인공들이 한국적인 옷을 입고 있긴 하지만, 도깨비의 모습은 도대체 어느 나라에서 온 괴물인지 여전히 애매합니다. 그런데 생각해 보면, 한국의 도깨비라는 것도 딱히 정해진 틀이 없긴 하거든요. 차라리 여기서 나온 생명체를 그대로 써볼까 하는 생각이 드네요.

그런데 이 그림들은 대략적인 이미지를 떠올리려는 용도로 생성한 것이라, 캐릭터 디자인은 스토리를 조금 더 발전시킨 후에 진행하는 편이 나을 것 같습니다. 스토리의 전반적인 흐름을 먼저 확정하고 나서 세부적인 장면들을 생성합니다.

예를 들어, 에피소드 중 하나인 양궁선수와 배달 기사가 처음 만나는 장면을 구성해 달라고 하니까, 다음과 같은 구성이 나왔습니다.

"유명한 양궁선수인 지윤은 훈련을 마치고 집으로 돌아가고 있었습니다. 그때 도깨비들의 장난으로 갑자기 정전이 발생하면서 교통이 마비됩니다. 그녀는 발이 묶인 상태에서 무엇을 할지 고민하다가 오토바이 배달 기사인 민수와 우연히 마주칩니다. 민수는 배달 도중에 신호등이 엉망이 되어 길을 잃었지만, 배달을 완수하기 위해 오토바이를 끌고 비상등을 켠 채 도로를 달리고 있었습니다."

이름까지 지정해 줬네요. 그런데 우연히 마주친다는 설정이 애매해서 이 부분을 좀 더 개연성 있게 바꿔 달라고 요청했습니다. 그러자 지윤이 치킨을 주문하고, 그 치킨을 배달하러 가는 사람이 민수로 설정되었습니다.

"도깨비들의 장난이 한창인 어느 저녁, 지윤은 양궁 훈련을 마치고 배가 고파 치킨을 주문합니다. 그런데 주문 직후, 도깨비들의 장난으로 갑작스럽게 정전이 발생합니다. 모든 전자기기가 멈추고, 도시의 교통이 마비되면서 지윤은 치킨이 제때 도착할지 걱정합니다.

한편, 오토바이 배달 기사인 민수는 지윤의 집으로 치킨을 배달하던 중 신호등이 엉망이 되어 길을 잃게 됩니다. 그러나 그는 배달을 완수하기 위해 비상등을 켜고 도로를 달리며, 치킨을 지윤에게 배달하려고 애씁니다. 마침내, 민수는 겨우 지윤의 집을 찾아냅니다."

그다음에는 둘이 만나 대화를 나누는 장면이 나오겠죠. 그 가운데 재미있는 요소를 넣을 수도 있고, 나중에 복선이 될 내용을 넣을 수도 있습니다. 자신의 아이디어에 맞춰 구체적으로 지시를 내리면 AI가 세부적인 작업을 하고, 그동안 자신은 큰 틀의 전개를 빠르게 고쳐 나갈 수 있죠.

이 과정에서 콘셉트나 방향성을 잡는 식으로 창의적인 요소를 집

AI 시대 창의적 인간

어넣는 겁니다. 알고 보니 민수가 나름 유명한 틱톡커였다든지, 사실 지윤이가 도깨비의 후손이라든지 하는 반전을 추가하는 식으로 말이죠.

이렇게 나온 각 요소의 스토리를 짜맞추는 과정에서도 재배열, 삭제, 추가, 확장 등의 방법으로 스토리를 조금 더 재미있게 다듬어 갑니다. 놀랍게도 이렇게 해서 하나의 소설이 완성되는 데까지 걸린 시간은 이틀입니다. 주말 동안 충분히 할 수 있는 작업이죠.

이렇게 소설을 쓰고 나니 두 가지 생각이 듭니다. 하나는 '큰 힘 안 들이고 할 수 있는데'라는 생각이고, 또 하나는 '나도 이렇게 손쉽게 하는데, 얼마나 많은 사람들이 이런 콘텐츠를 만들어 낼까?'라는 생각입니다. 한데, 곰곰이 생각해 보니 그냥 몇 번 클릭해서 나오는 스토리는 그다지 경쟁력이 있을 것 같지는 않아요. 결국 이 스토리에 자신만의 경험과 아이디어를 얼마나 녹여내느냐가 중요하겠다는 생각이 자연스럽게 자리 잡았습니다.

확장되는 직장인의 꿈

처음 한 작업치고는 나쁘지 않은 결과가 나와서, K는 앞으로 몇 번 더 AI를 활용해 소설을 만들어 보면 그럴듯한 작품을 만들 수 있겠다는 자신감이 생겼습니다. 그러자 직장인 K에게 또 다른 가능성이 보이기 시작합니다. 유튜브에서 AI를 활용해 소설을 쓸 수 있을 뿐 아니라, 자신만의 영상을 만들 수도 있다고 했거든요.

텍스트 투 비디오$^{Text\ to\ Video}$ 기능을 이용해서 스토리를 쓰기만 해도 자동으로 영상을 만들어 주는 툴들이 등장했습니다. 소라, Gen-3, 클링 AI 같은 툴들이죠. 음성을 만들어 주는 일레븐랩스^{ElevenLabs}나 캐릭터가 자연스럽게 말하는 모습을 만들어 주는 헤이젠^{HeyGen} 같은 툴도 있고, 수노 AI나 우디오를 활용하면 BGM에 적합한 음악도 즉시 만들 수 있습니다. 그렇다면 단순히 소설을 만드는 것을 넘어서, 자신의 이야기를 영상으로 제작해 국제 AI 영화제에 출품해 보겠다는 생각도 할 수 있죠.

그런데 조금 더 알아보던 중 K는 놀라운 발견을 하게 돼요. 여러 AI 툴을 하나하나 조합해서 직접 영상을 만들 필요 없이, 아예 영화를 만들어 주는 AI 툴이 이미 존재한다는 사실이죠. 스토리텔링 플랫폼이라고 스스로를 정의하는 'LTX 스튜디오$^{LTX\ Studio}$'는 영화를 만들어 주는 AI 툴입니다. 영화 제작에 필요한 여러 가지 요소를 따로 만들 필요 없이, 그냥 이 툴만 사용해서 아이디어를 제시하고, 캐릭터를 설정하고, 편집함으로써 영화를 만들어 낼 수 있죠.

LTX 스튜디오의 X 계정에는 LTX 스튜디오가 오스카상 수상자인 아리 폴만$^{Ari\ Folman}$과 작업한 영상이 올라와 있는데요, 출장 온 엄마가 멀리 떨어진 아들과 영상통화를 하면서 아들이 잠들기 전 하는 공상들을 LTX 스튜디오를 활용해 영화처럼 만들어 주는 내용입니다. 그리고 나중에 집으로 돌아와 아들과 함께 그 영상을 보죠. 영상 속에 나오는 동화 나라의 영상도, 현실적인 이 샘플 영상도 모두 LTX 스튜디오로 만든 겁니다.

그러니 스토리만 탄탄하다면, 이를 영상으로 바꾸는 것은 어렵지 않습니다. 이런 툴들은 계속해서 늘어나고, 고도화되면서 사용하기 편리해지고 저렴해질 테니까요.

이제 직장인 K의 꿈은 스스로에게 달렸습니다. 꿈을 이룰 도구들은 이미 준비되어 있고, 필요한 것은 아이디어와 창의성뿐입니다. 다만, 수많은 작품의 홍수에 쓸려 사라지는 작품이 되지 않으려면 차별

When we went inside, there was a band playing...

ㅣLTX 스튜디오의 샘플 영상[17]

화된 창의성을 갖춰야 합니다. 이러한 차별성은 세부적인 창작 과정보다는 창작물들을 선별하고 편집하는 과정에서 나온다는 점을 이해하고, AI시대의 창의성을 갈고닦기 위해서 연습해야 합니다.

AI 시대의 창의성

창의성이 일부 타고난 천재들만의 전유물이 아니라, 약간의 방향 전환과 기술적인 연습으로 얼마든지 발전시킬 수 있다는 개념이 정립된 지는 얼마 되지 않았습니다. 이론적으로는 70~80여 년이 되었지만, 대중적으로는 아직 이러한 인식이 널리 퍼지지 못했습니다. 누구나 창의성을 가질 수 있다고 생각하는 사람들이 아직은 많지 않거든요. 하지만 개인의 능력이 갈수록 중요해지는 현대사회에서 실제로 성취를 이루는 사람들은 창의적인 개인들입니다. 이들은 후천적인 노력으로 창의성을 습득해 나갔고요.

창의성은 계발될 수 있다는 사회적 인식이 이제야 막 확산되고 있는 시점에 AI의 시대가 훅 다가와 버렸습니다. 마치 "무궁화꽃이 피었습니다" 하고 돌아선 순간, 저 멀리 있던 플레이어가 눈앞에 나타난 형국이랄까요. 그러면서 창의성에 대한 요구, 기준, 형태 등이 일대 전환을 맞이했습니다. 물론 창작물이나 업무 결과에서 창의성이 발현되는 방식은 같지만, AI 역시 그런 결과물을 쉽게 만들 수 있게 되면서 창의성 개념을 그대로 두면 인간이 할 수 있는 일이 줄어들 위기에 처했습니다.

따라서 AI가 생성한 결과물과 차별화되려면 창의성에 대한 관점 전환이 필요합니다. 이제 인간에게 요구되는 창의성은 창의적 결과물의 선별과 편집을 통해 새로운 의미를 창출하는 데 있습니다. 이 과정이 효과적으로 이루어지려면 먼저 일차적으로 만들어진 결과물 자체가 창의적이어야 합니다. 그러려면 방향성을 제시해 주는 인간과 그 방향성에 맞춰 구체적인 결과물을 생성하는 AI가 공동으로 협력하여 일을 잘 수행해야겠죠. 이렇게 나온 결과물을 선별하고 편집함으로써 새로운 느낌을 부여하고, 차별화된 결과를 창출하는 것이 인간의 경쟁력이 되는 창의성입니다.

이런 과정들을 보면 결국 창의성을 매니지먼트한다는 개념이 됩니다. 따라서 AI시대의 창의성은 매니지먼트 개념이 포함된 '크리지먼트'라고 정의할 수 있습니다. 이러한 개념을 잘 이해하고, 능숙하게 만든다면 AI 시대 개인의 능력은 극대화됩니다. 창의적인 콘텐츠와 비즈니스를 혼자서도 만들어 낼 수 있고, 이를 조금 더 확장하면 조직과 팀 차원에서도 창의력을 효과적으로 매니지먼트할 수 있게 됩니다. AI가 회사나 팀의 창의성도 극대화할 수 있는 거죠. 물론 이를 잘 다루는 개인들이 곳곳에서 각자의 역할을 다해준다면 말이죠.

창의적 콘텐츠와 아이디어 비즈니스가 범람하는 시기, 가장 중요한 것은 창의성입니다. 창의성이 없다면 AI가 양산하는 콘텐츠와 아이디어 속에 묻혀 순식간에 사라져 버릴 수밖에 없거든요. AI가 인간의 창의성을 능가하는 수준에 이르면서 인간이 앞으로 무엇을 해야 할지 좌표를 잃어버린 것 같다고 한탄하는 요즘이야말로 어찌 보면 인류 역사상 가장 창의성이 필요한 시기라고 할 수 있습니다. AI의 창의성을 활용하는 메타 창의성, 매니지먼트 창의성 말이죠. 그래야만 경쟁력을 가질 수 있으니까요.

AI 시대 창의적 인간

에필로그

AI 시대, 인간의 유일한 경쟁력은 창의성이라고 믿고 있는 사람들에게, 최근의 AI는 믿기 힘든 실적들을 보여주고 있습니다. 그림, 음악, 영화, 광고 등 인간의 창의력이 필수적이라 여겨졌던 분야에서 AI가 충격적인 결과물을 내놓기 시작했거든요.

생성형 AI를 활용해 창의적 결과물을 만들어 본 사람들은 예상보다 뛰어난 수준에 놀라며 이제는 창의성이 더 이상 인간의 생존 무기 같아 보이지 않는다고 말합니다. 게다가 창의적 결과물이 나오기까지의 속도와 그에 따른 양의 차이는 인간이 도저히 따라잡기 어려운 수준에 이르렀습니다.

그럼에도 창의성은 여전히 인간이 AI와 경쟁할 수 있는 몇 안 되는 가능성 중 하나라서 쉽게 포기할 수도 없습니다. 특히 생성형 AI를 자유롭게 사용하는 대중들이 점점 늘어남에 따라 본격적으로 수많은 콘텐츠가 난무하게 될 '콘텐츠 플러드' 시대에, 창의성은 여러 결과물

가운데 차별화를 줄 수 있는 거의 유일한 무기거든요.

하지만 기존의 창의성 개념으로는 '절대적으로' 경쟁력이 없습니다. 여러 책과 연구, 강의를 통해 AI 시대에 필요한 창의성에 대한 논의들이 나오고 있지만, 대부분 기존의 창의성 개념에 기초하고 있습니다. 문제는 생성형 AI 역시 기존의 창의성 개념을 학습해 창의적 결과물을 생성해 낸다는 점입니다. 이런 창의력 개념하에서는 인간이 AI의 결과물들을 따라잡을 수기 없습니다. AI와 같은 트랙에서 경쟁하는 것은 이미 압도적인 격차를 보이고 있거든요. 기존의 창의성이 아닌 AI 시대에 걸맞은 새로운 창의성이 필요한 이유입니다.

또 하나 우리가 가져야 할 관점의 전환은 창의력이 AI와 경쟁하는 인간의 무기가 아니라는 점입니다. 일단 인간이 AI와 경쟁할 필요가 없거든요. 창의력은 AI와 함께 만들어 가는 인간의 존재 증명이자 가치입니다. AI는 우리의 창의력을 극대화할 수 있는 유용한 도구인 셈입니다. AI와 함께 창의적 퍼포먼스들을 만들어 나갈 때 실용적이고 효과적인 결과와 성과들도 뒤따르게 되죠.

미술이 사진의 등장과 함께 현실의 재현에서 마음의 표현으로 포커스를 바꾸어 살아남았듯이, 인간의 창의성 역시 AI 시대에 걸맞은 형태로 변화하지 않으면 살아남을 수 없습니다. 이세는 트랙을 바꿔야 하죠. 지금까지의 창의성은 표현만 다를 뿐, 대부분 역발상, 관점전환, 연결하기와 같은 '재관점'의 창의성을 중심으로 합니다. 하지만

AI 시대의 창의성은 다릅니다. AI를 도구로 활용하여 창의성을 극대화하는 AI시대 창의성은 '에디팅'과 '매니지먼트'라고 표현할 수 있습니다. AI가 만들어 낸 결과물들을 처음 기획하고, 편집하고, 재배치하는 과정에서 인간의 창의성을 가미합니다. 이처럼 AI의 창의성과 인간의 창의성을 적절하게 결합하여 결과물을 만들어 내는 것이 AI시대 창의성인 '크리지먼트'의 개념입니다.

이제 인간의 창의성은 일차적 결과물에서 나오는 것이 아니라, 일차적 결과물을 활용해 만들어 내는 이차적 결과물에서 필요하게 됩니다. 다시 말해서, 창의적인 결과물을 얻기 위해서는 AI와 인간의 협업이 필요하고, 이러한 중첩된 창의성이 독창적인 결과물을 만들어 내는 것이죠.

새롭게 정의되는 창의성의 개념과 그 과정을 이해하고 이를 자신의 것으로 체화할 수 있다면, 콘텐츠와 AI 생성물이 넘쳐나는 이 시대에 차별화된 경쟁력을 가질 수 있습니다. 변화가 일상화된 시대에 그 변화를 주도하는 힘이 되기도 하고요. 무엇보다 AI가 만들어 내는 수많은 결과물이 그대로 자신의 창의적인 결과물이 될 수 있거든요. 이제 AI와 함께 창의적 결과물을 만들어 나가야 하는 공동지능의 시대입니다. AI를 효과적으로 활용하여 창의력을 극대화함으로써, AI로 인해 피해를 보는 사람이 아닌 혜택을 누리는 사람이 되시길 바랍니다.

주

Part 1 태초에 창의성은 없었다

1) 《알기 쉽게 풀어 쓴 신곡》, 단테 알리기에리 지음, 구스타브 도레 그림, 이종권 옮김, 아름다운날, 2015.

2) https://www.opengallery.co.kr/art-dictionary/190/

3) https://ko.wikipedia.org/wiki/%EC%9D%BC%EB%A6%AC%EC%95%84%EC%8A%A4

4) 《페스트》, 민음사, 알베르 카뮈 지음, 김화영 옮김, 민음사, 2011.

5) http://news.kawf.kr/?idx=605&searchCate=04&searchVol=41&subPage=02

6) https://en.wikipedia.org/wiki/History_of_the_concept_of_creativity#cite_ref-Tatarkiewicz,_p._245_2-0

7) https://www.sedaily.com/NewsView/1OJO6CIAIP

8) https://www.kookje.co.kr/news2011/asp/newsbody.asp?code=0700&key=20170801.99099000534

9) 《일론 머스크》, 월터 아이작슨 지음, 안진환 옮김, 21세기북스, 2023.

10) https://www.yna.co.kr/view/AKR20210521129600797?input=1195m

11) https://terms.naver.com/entry.naver?docId=1108641&cid=40942&categoryId=31818

12) https://ko.wikipedia.org/wiki/%EB%85%B8%EC%98%88%EC%A0%9C

13) https://kimppo78.tistory.com/entry/%EC%84%B8%EA%B3%84%EC%97%AD%EC%82%AC-%EC%9D%B4%EC%95%BC%EA%B8%B0-%EA%B7%BC%EB%8C%80-30-%EC%A6%9D%EA%B8%B0-%EA%B8%B0%EA%B4%80%EC%9D%98-%EB%B0%9C%EB%AA%85-%ED%9C%98%ED%8A%B8%EB%8B%88%EC%9D%98-

%EC%A1%B0%EB%A9%B4%EA%B8%B0

14) https://www.loc.gov/collections/abraham-lincoln-papers/articles-and-essays/abraham-lincoln-and-emancipation

15) https://www.cocreativity.com/handouts/guilford.pdf

16) https://terms.naver.com/entry.naver?docId=1260995&cid=40942&categoryId=32157

17) https://post.naver.com/viewer/postView.naver?volumeNo=31764263&memberNo=51538039&vType=VERTICAL

Part 2 타고나는 게 아닌 자라나는 창의성

1) All Yesterdays, John Conway, C. M. Kosemen and Darren Naish, Irregular Books, 2012

2) SCAMPER: Games for Imagination Development, Bob Eberle

3) https://www.ohmynews.com/NWS_Web/View/at_pg.aspx?CNTN_CD=A0003004481&CMPT_CD=P0010&utm_source=naver&utm_medium=newsearch&utm_campaign=naver_news

4) https://tv.naver.com/v/3899679

5) https://www.youtube.com/watch?v=9EIQ41AL6Vw

6) 《월트 디즈니》, 닐 개블러 지음, 김홍옥 옮김, 여름언덕, 2008.

7) https://terms.naver.com/entry.naver?docId=4383255&cid=40942&categoryId=31528

8) https://terms.naver.com/entry.naver?docId=4356517&cid=59918&categoryId=59918

9) https://cjh38.tistory.com/entry/%EC%B5%9C%EC%B4%88%EC%9D%98-%EC%8A%A4%EB%A7%88%ED%8A%B8%ED%8F%B0-%EC%8A%A4%EB%A7%88%ED%8A%B8%ED%8F%B0%EC%9D%98-%EC%97%AD%EC%82%AC-%EB%B3%80%EC%B2%9C%EC%82%AC

10) https://blog.naver.com/asuskor/220095373202

11) https://www.mobilephonemuseum.com/phone-detail/ericsson-r380s

12) 《오리지널스》, 애덤 그랜트 지음, 홍지수 옮김, 한국경제신문, 2020.

13) https://ko.wikipedia.org/wiki/%ED%94%84%EB%A0%88%EB%8D%94%EB%A6%AD_%EC%9C%88%EC%A6%90%EB%A1%9C_%ED%85%8C%EC%9D%BC%EB%9F%AC

14) https://news.unn.net/news/articleView.html?idxno=209227

15) https://dschool.stanford.edu/about

16) https://terms.naver.com/entry.naver?docId=3385567&cid=42266&categoryId=58299

17) https://brunch.co.kr/@bibim/3

18) chrome-extension://efaidnbmnnnibpcajpcglclefindmkaj/https://dam.upmc.com/-/media/chp/departments-and-services/radiology/documents/coloring-book-ct-boy.pdf?rev=42132baa1b2e48c6a7a7835fe5c487fd&hash=9655016DECE2524191775CEA58CF58F2 (홈페이지 다운로드)

19) chrome-extension://efaidnbmnnnibpcajpcglclefindmkaj/https://dam.upmc.com/-/media/chp/departments-and-services/radiology/documents/coloring-book-mri-scan-boy.pdf?rev=cdd079bc2b6443fc82cd215cd437cfc4&hash=CCDFE149D4E33A6221667D5A898A37DD (홈페이지 다운로드)

Part 3 추월당한 창의성: 완전히 달라지는 AI 시대의 창의성

1) https://www.sedaily.com/NewsView/1OMD2HQJUE

2) https://www.epnc.co.kr/news/articleView.html?idxno=239188

3) https://ko.wikipedia.org/wiki/%EC%95%8C%ED%8C%8C%EC%A0%9C%EB%A1%9C

4) https://www.yna.co.kr/view/AKR20170527043600007

5) https://www.yna.co.kr/view/AKR20240711131300009

6) https://www.sedaily.com/NewsView/2D94CEN5P6

7) https://www.youtube.com/watch?v=fK8cWfvzfos

8) https://www.newsculture.press/news/articleView.html?idxno=315278

9) https://www.ytn.co.kr/_ln/0103_202408160535498520

AI 시대 창의적 인간

10) https://www.khan.co.kr/economy/economy-general/article/2022091008
00001

11) https://www.vogue.co.kr/2023/04/19/%EC%82%AC%EC%A7%84-
%EB%8C%80%ED%9A%8C-%EC%9A%B0%EC%8A%B9%EC%9D%84-
%EC%B0%A8%EC%A7%80%ED%95%9C-%EC%9E%91%EA%
B0%80%EA%B0%80-%EC%88%98%EC%83%81%EC%9D%84-%EA%
B1%B0%EB%B6%80%ED%95%9C-%EC%9D%B4%EC%9C%A0/

12) https://hypebeast.kr/2023/4/sony-photography-competition-ai-generated-
image

13) https://www.openpr.com/news/3536491/real-photo-wins-ai-award-at-
international-contest

14) https://www.openpr.com/news/3536491/real-photo-wins-ai-award-at-
international-contest

15) 《GPT 제너레이션》, 이시한 지음, 북모먼트, 2023.

16) https://twitter.com/kimhs0927

17) 《천의 얼굴을 가진 영웅》, 조지프 캠벨 지음, 이윤기 옮김, 민음사, 2018.

18) https://www.pdjournal.com/news/articleView.html?idxno=75361

19) https://www.toysrus.com/pages/studios

20) https://www.foxnews.com/tech/toys-r-us-ai-generated-ad-sparks-
fear-fascination

21) https://www.aitimes.com/news/articleView.html?idxno=160643

22) https://www.joongang.co.kr/article/25265697

23) https://www.mediaus.co.kr/news/articleView.html?idxno=309495

24) https://www.newsis.com/view/?id=NISX20230622_0002348206&cID=101
01&pID=10100

25) https://blog.naver.com/ifp1592/223137079646?photoView=3

26) https://www.chosun.com/economy/tech_it/2024/07/08/RQLNRCTTI5
EF3BH4ROEU77SUGA/?utm_source=naver&utm_medium=referral&utm_
campaign=naver-news

27) https://www.tiktok.com/@openai

28) https://www.artart.today/artletter17_photography

29) https://www.wikiwand.com/ko/%EB%8B%88%EC%97%90%ED%94%84

%EC%8A%A4

30) https://terms.naver.com/entry.naver?docId=3572481&cid=58941&categor
yId=58960

31) http://visualanguage.org/archives/category/%EB%B0%95%EC%A3%BC%
EC%84%9D/page/3

32) https://ko.wikipedia.org/wiki/%ED%8F%B4_%EB%93%A4%EB%9D%BC%
EB%A1%9C%EC%8A%88

33) https://star.ohmynews.com/NWS_Web/OhmyStar/at_pg.aspx?CNTN_
CD=A0003000775

34) http://www.stoo.com/article.php?aid=88173449022

35) https://star.ohmynews.com/NWS_Web/OhmyStar/at_pg.aspx?CNTN_
CD=A0003044660

36) https://www.chosun.com/culture-life/culture_general/2024/07/03/
EF2IURCUVVCWPNJPWZPQ5SMSUQ/

37) https://www.nbntv.co.kr/news/articleView.html?idxno=974451

38) https://archive.org/details/lecturesonartdel00rusk_0/page/n21/mode/2up

39) https://zdnet.co.kr/view/?no=20240818172203

40) https://www.hankyung.com/article/2024081677281

41) https://www.sedaily.com/NewsView/2DBRFS98N1

42) https://www.munhwa.com/news/view.html?no=20240516010320072
75002

43) 《똑똑한 사람은 어떻게 생각하고 질문하는가》, 이시한 지음, 북플레저, 2024.

44) https://www.econovill.com/news/articleView.html?idxno=652787

45) https://www.instagram.com/p/C-jHdFjTp8y/?img_index=1

46) 《필립 코틀러 마켓 6.0》, 필립 코틀러, 허마원 카타자야, 이완 세티아완 지음, 방영
호 옮김, 더퀘스트, 2024.

Part 4 창의성 3.0: AI 시대의 창의성, 크리지먼트

1) https://www.travie.com/news/articleView.html?idxno=19218

2) https://magazine.securities.miraeasset.com/contents.php?idx=44

3) https://www.youtube.com/watch?v=nXdEhXY_vz8&list=PLLftFIoK0Tfb
SU3yLhOffi-2C3nuLHsXW

4) https://www.vogue.co.kr/2023/12/26/%EB%AF%B8%ED%82%A4-
%EB%A7%88%EC%9A%B0%EC%8A%A4-95%EB%85%84-
%EB%A7%8C%EC%97%90-%EC%A0%80%EC%9E%91%EA%B6%8C-
%ED%92%80%EB%A6%B0%EB%8B%A4/

5) https://terms.naver.com/entry.naver?docId=6477103&cid=43667&categor
yId=43667

6) https://www.hani.co.kr/arti/economy/it/828772.html

7) https://dbr.donga.com/article/view/1303/article_no/10127

8) http://www.cine21.com/news/view/?mag_id=88302

9) https://www.hani.co.kr/arti/culture/religion/967997.html

10) https://brunch.co.kr/@kailuabong/11

11) https://ko.wikipedia.org/wiki/%ED%8C%A8%EB%9F%AC%EB%94%94

12) https://ko.wikipedia.org/wiki/%EC%98%A4%EB%A7%88%EC%A3%BC

13) https://blog.naver.com/proven_pr/223443990223

14) https://www.hankookilbo.com/News/Read/A2021022020150000879?type
=A1&rPrev=A2021022321370001912

15) 《디즈니만이 하는 것》, 로버트 아이거 지음, 안진환 옮김, 쌤앤파커스, 2020.

16) https://n.news.naver.com/article/015/0004988955?cds=news_my

17) https://x.com/LTXStudio

AI 시대 창의적 인간

1판 1쇄 **인쇄** 2024년 11월 26일
1판 1쇄 **발행** 2024년 12월 4일

지은이 이시한

발행인 양원석 **책임편집** 이아람
디자인 신자용, 김미선
영업마케팅 조아라, 박소정, 한혜원, 김유진, 원하경

펴낸 곳 ㈜알에이치코리아
주소 서울시 금천구 가산디지털2로 53, 20층 (가산동, 한라시그마밸리)
편집문의 02-6443-8855   **도서문의** 02-6443-8917
홈페이지 http://rhk.co.kr
등록 2004년 1월 15일 제2-3726호

ISBN 978-89-255-7417-2 (03190)